IN PURSUIT OF POSITIVE ALPHA

손해 보지 않는
미국 주식
투 자 법

IN PURSUIT OF POSITIVE ALPHA

손해 보지 않는
미국 주식
투 자 법

애널리스트 **마리- 상**
번역 **정지영**

지상사
Jisangsa

★ CONTENTS ★

M↗ CHAPTER **4**

매수 타이밍,
매도 타이밍(기술적 분석)

M↗ CHAPTER **5**

투자에서 물러나지 않는 마음가짐
(리스크 관리)

⟨ COLUMN ⟩

마지막으로

초보자에서 벗어나기!
투자로 인생을 풍요롭게 하자

▶ 경제 정체기에
'손해 보지 않는 투자' 실력을 기르자

인덱스 투자에 더해서 리턴을 노리고 싶은 사람을 위해 이 책은 존재한다.

돈을 저축해도 불어나지 않는다. 오히려 인플레이션 때문에 감소한다. 그러니 투자하자. NISA나 iDeCo를 이용해 미국 주식인 인덱스펀드에 매입원가 평균법(26쪽)으로 적립식 투자를 하면 10년 동안 2배가 된다——.

2010년대 후반부터 이런 말이 떠돌았으며, 이미 **비즈니스맨의 약 40%가 투자하고 있다**고 한다. 그러는 사이 상당수가 'S&P500이나 전 세계 주식 지수에 연동하는 적립식 인덱스펀드 투자'를 시작했을 것이다. 그것은 바람직하니 꼭 지속하기를 바란다.

하지만 '10년 동안 2배가 된다'는 것은 과연 정말일까? '이것으로 앞날은 평탄하겠지'라고 안심해도 되는 것일까?

인덱스펀드 ▶ 인덱스형 투자신탁. S&P500 등의 주가나 채권의 지수와 같은 시세 변동을 운용 목표로 하는 투자신탁. 어떤 지수에 연동되어 있는지가 중요하다.

2020년대 초까지 약 10년 동안 S&P500의 평균 수익은 약 11%였다. 이대로라면 확실히 10년 이내에 2배도 가능하다. 그러나 나처럼 30년 가까이 서양의 금융업계에 몸담은 사람에게 이것은 일종의 "인덱스 버블"처럼 보인다.

'막대한 노후 자금 문제의 해결책은 적립식 인덱스 투자'라는 말에서 근거가 되는 숫자는 대개 연 6~7%라는 수익이다. 이것은 1957년대부터 2023년까지의 S&P500 지수의 평균 연간 수익이 약 10.26%임을 생각하면 건실한 수치라고 할 수 있으나, 평균은 어디까지나 평균이다. 잘라낸 기간을 바꾸면 두 자릿수 하락하는 연도(年度)도 있으며, 13년 동안 최고치를 갱신하지 않은 기간도 있다.

지구에 낮과 밤이 있듯이 경기는 좋을 때와 나쁠 때를 반복한다. 황금의 시대 뒤에는 정체기가 찾아온다. 정체기는 짧을 때도 있고, 오래 이어지기도 한다. 그런 시기에도 자산을 늘리고 싶고, 인덱스 투자 이상의 리턴을 노리는 투자 실력을 원한다면 **핵심·위성 운용**을 시작해 보면 어떨까?

▶ 핵심은 안정기에 위성은 적극적으로 리턴을 노린다

핵심·위성 운용이란 적립식 인덱스 투자처럼 수비 운용을 핵심으로 하고, 공격 투자인 위성을 더해 **지수보다 높은 수익을 노리는 전략**이다.

위성은 단어 그대로의 이미지다. 핵심이 중심이 되기 때문에 지구와 달, 지구와 여러 개의 인공위성 같은 관계를 떠올리면 된다.

위성이 되는 투자 상품에는 여러 가지가 있는데, 리스크&리턴의 균형에서 '미국 주식·ETF(미국 개별 주식과 섹터 ETF)'가 가장 알맞을 것이다.

가령 전기 자동차 회사 테슬라(Tesla)의 주식을 좋은 타이밍에 사서 좋은 타이밍에 팔아 몇 개월에 3배가 된 적이 있다. 이렇게 위성을 능숙하게 조합해서 인덱스펀드가 별로 오르지 않는 정체기에도 장기 평균으로 10% 정도의 수익을 유지하는 것을 목표로 한다. 또는 어느 때라도 인덱스에 1~2% 추가할 수 있는 투자 능력을 기른다.

이것이 이 책의 목표다.

▶ 성공하려고 하면 크게 실패한다
손해 보지 않는 투자로 승률을 높인다

"하지만 액티브펀드가 지수를 이기지 못하니까 적립식 인덱스 투자가 괜찮은 것 아닌가?"라고 의문을 품는 사람도 있을 것이다.

틀린 말이 아니다. 양해를 구하자면, 통계적으로는 위성 투자하면 성적은 떨어지는 경향이 있다. 따라서 '다른 사람과 비슷하면 된다' '적립식 인덱스 투자의 수익으로 만족'이라면 핵심인 지구에 머무르는 편이 안전하다.

그것을 알고 난 뒤에 인류는 우주를 목표로 한다. 사람은 가능성을 원

S&P500 미국 대기업 상장회사 500사의 주가를 추종하는 주가지수. 각 기업의 시가총액에 따라 지수 내의 비중이 정해진다. 미국 주식 투자의 대표적인 벤치마크. 종목은 수시로 교체된다.

하므로 투자도 마찬가지다. 실패하지 않도록 분석과 시뮬레이션을 해서 성공 확률을 높여 **도전하는 사람만이 얻을 수 있는 리턴을 원한다**. 실패해도 치명적이지 않도록 해서 다음에 회복을 시도한다. 그렇게 투자에 과감히 도전하고, 투자하는 것 자체를 즐기며, 나아가 자산도 늘리는 것이 위성 투자다.

"단 1~2% 추가……"라고 실망하는 사람도 있을 수 있다. 그렇지만 허황된 꿈을 좇아 소중한 돈을 없애고 싶지 않으므로 솔직히 밝힌다.

위성 운용에는 미국 주식·ETF 이외의 선택지도 있다. 처음부터 위성 100%로 운용하는 사람도 있다. 환거래나 옵션거래를 하거나 신용을 이용해 레버리지로 투자하는 사람도 있다. '월 3만 엔으로 눈 깜짝할 사이에 자산 ○천만 엔', '광속으로 ○억 엔'이라는 결과를 낼 수 있는 것은 그런 투자법이다. 크게 성공할 수 있는 투자는 크게 실패할 리스크도 있다. 오히려 크게 손해 보는 사람이 큰돈을 버는 사람보다 압도적으로 많을 것이다. 상당한 훈련을 쌓은 우주 비행사가 결사의 각오로 해야 하는 모험이다.

처음 위성에 도전하는 사람, 이미 미국 주식·ETF에 투자하고 있지만, 실적이 부족한 사람, 과거에 실패해서 포기한 사람이다. 그런 모든 사람은 재현성 높은 핵심·위성 운용으로 성공보다도 실패하지 않는 것을 중시하면서 현실적인 숫자를 목표로 하지 않겠는가?

이 책에서 해설하는 위성 운용은 미국 주식·ETF 투자로 다음과 같다.

액티브펀드 ▶ 재량형 투자신탁. 지수와 같은 성적을 목표로 하는 패시브 펀드와는 대조적으로 매니저의 재량에 따라 시장 평균을 웃도는 수익을 운용 목표로 하는 투자신탁.

- 거시적으로 상황을 보면서
- 기업 분석에 중점을 두고(ETF 투자라면 이것은 불필요)
- 기술적인 분석도 이용해 타이밍 좋게 투자한다
- 그에 따라 중장기 주가의 상승으로 리턴을 얻는다

'거시적?' '기업 분석?' '기술적?'이라고 물음표가 마구 떠오른다고 해도 안심하길 바란다. 그런 사람 모두가 첫걸음을 밟아나가기 위한 입문서로 알기 쉽게 안내하고자 한다.

그리고 투자 중급자·상급자에게도 반드시 새로운 깨달음이 있을 것이다.

혹은 아직 어디에도 투자한 적이 없는 사람은 '인덱스 투자' 'S&P500'이라는 말이나 구조부터 잘 모를 수 있다. 그 경우는 페이지 아래의 용어 설명을 참고로 하면서 읽으면 이해하기 쉬울 것이다.

▶ 월가 애널리스트 경력 25년의
경험으로 터득한 투자법을 공유한다

흔히 생생한 영어를 배운다고 말하는데, 미국에서 실천하는 생생한 투자의 왕도가 바로 이 책의 내용이다.

레버리지(Leverage) ▷ 담보가 되는 위탁 증거금을 증권회사에 맡기고, 자금을 차입해서 자본 이상의 큰 금액으로 매매하는 일. 더 높은 리턴을 기대할 수 있지만, 그만큼 리스크도 배가 된다.

처음 미국 주식·ETF에 도전하는 사람도 이미 시작한 사람도, 일단 미국의 표준적인 투자법을 알고 난 뒤에 자신에게 맞는 방식을 찾아가면 멀리 돌아가지 않을 것이다.

나는 일본에서 태어나 일본에서 자랐으나, 대학시절 미국의 대학에서 1년 동안 학부 유학을 한 계기로 졸업 후에 줄곧 해외에서 금융일을 해왔다. 경력의 시작은 스페인 최대 은행그룹 산탄데르은행(Banco Santander)이었다. 융자심사부에서 기업의 경영 상태 분석을 배웠다.

그 후 미국의 비즈니스스쿨 No.1이라고 하는 펜실베이니아대학 와튼스쿨에서 MBA(경영학 석사)를 취득해 다시금 금융 분석의 기초를 다져나갔다.

졸업 후에는 뉴욕 월가에 있는 증권회사와 헤지펀드에서 주로 증권 애널리스트로 투자처 기업의 정보 수집과 분석을 했다. 현재는 헤지펀드 기업 오너의 개인 자산에 대한 투자 조언을 하고 있다.

그 사이 몇 번의 버블과 불황도 체험하고, 9.11사건 때도 리먼쇼크 때도 현장에 있었다. 개인적으로 1990년대부터 사비를 들여 투자하고 있으므로 여러분과 같은 시선에서 슬픔도 기쁨도 맛보고 있다.

그런 내가 아는 것, 알려주고 싶은 것을 이 책에 골라 담았다. 헤지펀드의 투자법에서 사용하는 부분을 변형해서 개인투자자의 강점을 살린 내용으로 꾸렸다.

미국(개별) 주식·ETF 미국 주식은 미국의 증권거래소 상장기업이 발행하는 주식을 말한다. 미국 ETF는 미국의 상장 투자신탁. 통상 증권회사를 통해 거래한다.

> ▶ **개인투자자의 강점을 살리고**
> **헤지펀드의 투자법을 섞었다**

　　헤지펀드라고 하면 어떤 이미지가 있는가? 금전 제일주의나 약육강식의 두려운 이미지가 있을까? 확실히 실력주의이지만, 그것은 미국 사회, 글로벌한 사회 전체가 그런 것이지 헤지펀드에 한정된 것은 아니다.

　　나중에 자세히 언급하겠지만, 오히려 **헤지펀드를 포함한 기관투자자(전문 거액투자자)의 수법은 극히 탄탄하다. 크게 수익을 내기보다도 손해를 보지 않는 것, 크게 성공하기보다 실패하지 않는 것을 우선한다. 그 편이 결과적으로 좋은 성적**을 내기 때문이다.

　　이런 투자법으로 일확천금은 노릴 수 없다. 아니, 노려서도 안 된다. 크게 성공하지 않아도 크게 실패하지 않는다.

　　개인 투자의 왕도란 시간과 에너지를 지나치게 들이지 않고, 심리적 스트레스를 받지 않는 일이다. 건강 유지와 비슷한 느낌으로 지속하면서 나중에 '해서 다행이었다'라고 생각하는 날을 기대하며 꾸준히 경험을 쌓아 실력을 향상시킨다.

　　인생을 전체로 봤을 때 실패보다 성공이 많으면 된다. 투자란 본래 이 정도로 착실히 나아가야 한다.

　　덧붙여서 헤지펀드의 애널리스트들은 물론 그것이 본업이지만, 성적

헤지펀드(Hedge Fund) ▷ 시세 상황에 좌우되지 않도록 리스크 헤지를 하고, 운용 자산의 절대 수익을 목표로 한다. 공매 등의 투자법을 이용하므로 부유층이 아니면 투자하기 어렵다.

이 나쁘면 다음 해에 직업을 잃는다는 압박과 매일 씨름하며 필사적으로 α(인덱스 이상의 이익)를 추구한다. 따라서 그들이 실제로 하는 것은 너무나 복잡하고, 사용하는 소프트웨어나 정보원도 여러 방면에 걸쳐 있으며 상당히 고액이다. 그래서 개인투자자인 독자 여러분이 사용하기 쉬운 툴을 고안해 소개한다. 다운로드해서 사용할 수 있도록 책 마지막에 정보를 정리했다.

툴 조작에 익숙하지 않은 사람은 지면의 설명만으로는 알기 어려울 수도 있다. 그 경우는 내가 매 주말 개최하는 X(구 트위터)의 스페이스를 들어주기 바란다. 한 주의 주목할 만한 경제 데이터, 기업 뉴스, 미국 주식의 전망을 해설하고 있다. 앞으로는 구독자 한정으로 라이브 기업 분석을 하거나 강연회를 할 예정이다. 또한 유튜브도 운영하고 있으니 함께 하기를 바란다.

참고로 헤지펀드에서 가장 잘 다루는 가치주 투자나 공매도 수법은 복잡하므로 입문서인 이 책에서는 그리 깊게 다루지 않는다.

▶ 인생을 풍요롭게 하는 취미로 투자를 공부하자

나는 리먼쇼크 후에 일시적으로 금융업계를 떠나 교직원 면허를 취득해 공립 고교에서 수학 교사를 하던 시기가 있었다. 뉴욕 교외에서 사고뭉치 반을 담당한 적도 있었는데, 학생들은 나를 "센세"(선생님)라고 일본어로

가치주(Value Stock) 투자 ▷ 본래 가치보다도 저렴한 상태인 주식을 가치주(저가주)라고 한다. 저가주를 사서 주가가 오른 시점에 팔아 이익을 내는 투자법.

부르며 따라주었다. "센세, 어떻게 지내세요?"라고 지금도 연락이 온다.

내가 교사로서 마음에 새긴 것은 단순했다. 중요 사항만 좁혀서 어려운 것을 간단히, 즐겁게, 알 때까지 설명한다. 그것과 같은 뜻으로 이 책도 집필했다.

또한 나는 X와 유튜브를 중심으로 투자에 관한 정보를 제공하고, 무료 온라인투자모임, 영어회화모임 등의 커뮤니티도 주관하고 있다. 함께 하는 사람은 약 6,000명. 주말마다 일반 공개하는 투자 미팅에는 매번 2,000~3,000명 이상의 사람이 이야기를 들으러 온다. 항상 고민과 문제의식을 질문해주기 때문에 투자자들이 자주 실패하는 지점도 파악하고 있다.

본래 이런 활동을 시작한 것은 부모님이 돌아가셨을 때 두 분 모두 금융 자산이 은행 예금밖에 없었다는 것을 알았기 때문이다. **일본의 금융 리터러시가 아직 낮다**고 절실히 느껴 미력하게나마 한 사람 한 사람의 금융 리터러시를 향상시키는 데에 공헌하고 싶다고 강하게 생각했다. 투자는 도박이라고 생각하는 층이 아직도 대다수 있을 것이다. 내 남동생조차 "돈이 줄면 스트레스를 받아서 투자는 하기 싫어"라고 말한다.

미국의 금융 교육이 충분하다고 생각하지는 않지만, 적어도 내 딸은 18세에 이미 주식 투자를 경험하고 있다. 돈에 대해 가족끼리 공개적으

금융 리터러시(Financial Literacy) ▷ 가계 관리나 생활 설계 등에 필요한 돈과 금융에 관련된 지식 및 판단력을 말한다.

로 이야기하거나 투자에 대해 건전한 이미지를 갖는 환경은 일본보다 앞서 있다고 본다.

다만 투자와 리스크는 떼려야 뗄 수 없는 표리관계다. 무조건 돈을 번다고 보장할 수 없으며, 투자자의 연령과 생활 상황, 투자할 수 있는 금액과 투자 출구(몇 년 후에 현금화할 필요가 있는지), 성격적인 리스크 허용도(내 남동생의 경우 이것이 극도로 낮다) 등에 따라 최적의 답은 복잡하게 달라진다. 따라서 투자에 관해서는 정답이라고 할 만한 것이 없다.

하지만 이 책에서 소개하는 투자 기술은 이런 복잡한 상황과 관계없이 활용할 수 있다. 이것은 언어를 배우는 일이기 때문이다. 금융 지식, 투자 분석력은 여러분이 새로운 언어를 습득했을 때 새로운 세계가 펼쳐지듯이 알고, 이해하면 지금까지 몰랐던 세계에 데려가 준다. 그 지식과 투자력을 어떻게 사용할지는 본인에게 달려 있다. 다만 **단순히 돈을 벌겠다는 것보다 인생 자체를 풍요롭게 하는 취미라는 마음으로 투자 공부를 시작**해준다면 좋을 것이다.

'이런 것까지 알아야 하는 건가……'

'엇? 오히려 이것에 대해서는 더 배워야 하는 거 아닌가?'

이런 생각이 들 수도 있다. 시중에 출판되는 투자 책과 다른 부분도 많을 텐데, 여기에 나온 것을 제대로 해나가면 투자를 즐기면서 자산을 늘리는 힘을 기를 수 있다. **평생 사용할 만한 투자 지식이라는 새로운 언어를 배우는 것이다. 해보고 싶은 마음이 드는 사람은 일단 나를 믿고 따라와 주기 바란다.**

그다음 다른 책과 정보를 접해 나가면서 최종적으로 자신에게 맞는 투자 스타일을 발견하자. 투자 방식과 사고방식은 천차만별이다. 모두 정답이 될 수 있으나 자신에게 맞지 않으면 아무리 훌륭한 방법이라고 해도 오답이다. 자신의 스타일을 찾는 벤치마크로 이 책이 도움이 될 것이다.

핵심 인덱스 투자는 해보면 산책과 같다. 산책도 매우 좋지만, 매일 산책만 하다가 지루해져서 좀더 멀리 가보고 싶은 사람은 러닝이나 등산을 시작한다. 주변에는 '왜 굳이 힘든 일을?' '그런 리스크를 무릅쓰면서까지……'라고 생각할 수도 있으나 하고 있는 본인은 매우 즐겁지 않은가? **새로운 동료가 생기고 점점 실력이 붙어서 미지의 세계가 열리는 과정은 어린 시절에 열중했던 놀이 같은 순수한 설렘을 준다.** 산책만을 지속하는 매일과는 명백히 차원이 다르다.

먼저 시사 뉴스를 보는 눈이 바뀔 것이다. 글로벌한 사건이 일상이 된다. 자연히 영어 실력도 늘어난다. 줄줄이 따라오는 것들에 호기심이 솟아나고, 정치와 경제의 연결과 사회 구조가 보인다.

덕분에 대화의 내용에도 깊이가 생기고, 대화 상대가 늘어난다. 즉 인생의 폭이 넓어진다.

매일 업무와 활동에 사용할 만한 힌트도 많이 얻을 수 있다. 무엇보다도 지금까지 알지 못했던 것을 알게 되어 하지 못했던 일을 할 수 있으면 자신감이 붙는다.

미국 주식·ETF 투자로 새로운 세계를 탐험해 보면 어떨까?

투자를 시작하기 전에 읽어두자

투자는 다른 사람의 의견을 그대로 받아들이면 후회하게 된다. 스스로 납득이 갈 때까지 공부한 뒤에 투자를 시작하길 바란다.

이 책에 기재된 모든 내용은 나 개인의 경험을 토대로 한 의견과 교과서적인 이론이며, 올바른 논리와 방법이라고 해도 반드시 예외는 존재한다. 어디까지나 기본으로 참고하면서 자신의 생각으로 판단할 수 있도록 하자.

이 책에는 '○○주에 투자하면 정답'이라는 식의 개별 정보는 담겨 있지 않다. '물고기를 주지 말고 낚시 방법을 가르치라'라는 말이 있는데, 이 책의 자세도 투자 방식·사고방식에 대한 조언으로 정리했다.

CHAPTER **1**

실패하지 않는 투자란

적립식 인덱스 투자만으로는
부족하다

▶ **적립식 인덱스(핵심)+**
액티브 운용(위성)

리스크와 수고를 최소한으로 줄이면서 자산 운용을 지속해 가는 적립식 인덱스 투자는 초보자나 투자에 시간을 뺏기고 싶지 않은 사람, 돈으로 고민하고 싶지 않은 사람에게 최적이다. 꾸준히 해보자.

하지만 인덱스 투자는 다른 사람이 운전하는 자동차에 타고 있는 것과 마찬가지다. 목적지도 경로도 전혀 자유롭지 못하다. 리먼 쇼크 이후 미국 지수는 지수의 황금시대라고도 하며, 첫머리에서 언급했듯이 앞으로도 비슷한 성장이 기대된다고 보장할 수 없다.

미국 경제는 우상향이므로 S&P500 지수(이하 S&P500)에 연동된 적립식 인덱스 투자를 하면 평탄하다고 단언하는 서적이나 투자 조언을 볼 때마다 나는 위기감을 느낀다.

미국에 투자해서는 안 된다는 말이 아니다. 앞으로도 세계 경제를 견인하는 존재는 미국일 것이다. 다만 **미국 경제에도 세계 경제에도 정체기는 반드시 존재**한다.

미국 지수 ▶ 미국의 거래소 전체나 특정 종목군의 주가 움직임을 나타내기 위해 개별적인 주가를 일정한 계산으로 종합해 수치화한 것. S&P500, 나스닥, 다우지수 등이 있다.

정체기에 인덱스 투자에만 의지하면 자신에게도 정체기가 찾아온다. 투자 성과가 인플레율에 미치지 않는 경우도 있을 것이며, 현금화하는 타이밍에 따라서는 모아둔 자산이 감소할 수도 있다.

언제든 자신이 기대하는 현실적인 성과에 근접하려면 인덱스 투자를 핵심으로 삼고, 자신의 재량으로 리턴을 상승시킬 수 있는 위성 전략으로 운용하자. 타인이 운전하는 자동차에 계속 타고 있으면서도 목적지나 경로를 운전사에게 조금씩 조언하는 느낌이다. 다른 사람에게도 전부 맡기는 것이 아니라 어느 정도 자신의 재량도 반영한다. 특히 S&P500과 같은 주가 전체가 고성장을 지속한 다음 국면에는 개개인의 투자 능력이 필요할 것이다.

그림 1-1: S&P500 차트 1984~2024년

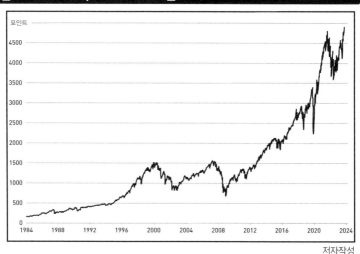

저자작성

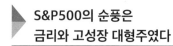

▶ S&P500의 순풍은
금리와 고성장 대형주였다

적립식 인덱스 투자가 주목받은 가장 큰 이유는 매입원가 평균법으로 기계적으로 투자하는, 즉 방치형 투자로도 착실히 자산을 늘릴 수 있다는 부분에 있다. 그러나 그것은 우상향 성장이 전망되는 경우에 한정되는 이야기다.

CHAPTER 2에서 자세히 다루겠지만, **일반적으로 금리가 내려가면 주가는 오른다. 주가는 나중에 기대할 수 있는 현금 흐름에 대한 대가이므로**

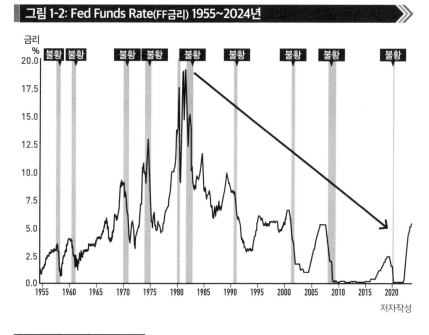

그림 1-2: Fed Funds Rate(FF금리) 1955~2024년

저자작성

핵심·위성운용(Core & Satellite) 운용 자금을 인덱스 투자 등 견실한 핵심(수비)과 개별주 등을 통해 적극적으로 자산을 늘리는 위성(공격)으로 나누어 자산을 운용하는 일.

설령 나중에 현금 흐름이 같아도 금리가 내려가면 주식의 현재 가치는 높아진다.

그림 1-2를 보면 알 수 있듯이 **1980년대부터 40년 동안 금리는 줄곧 우하향이었다. 그것이 미국 인덱스펀드의 순풍을 불어주었다.**

2022년과 2023년 FED(미국 연방준비제도)의 금리 인상으로 단기 금리는 5.25%까지 올랐는데, 80년대에는 20%까지 올라갔다. 과거 40년 동안 인덱스펀드라는 대형 범선을 계속 움직였던 우하향 금리라는 순풍은 앞으로 기대할 수 없을 것이다.

지금까지 미국 주식의 근저에 흘렀던 금리 저하라는 해류는 이미 기세를 잃었다. 앞으로 금리는 상승과 하락을 반복하는 조수간만 같은 시세를 보일 것이다.

즉 2022년처럼 금리가 올라갈 때는 많은 투자자가 불확실한 주식을 팔고, 더 확실한 현금과 채권으로 돈을 돌린다. 이것이 인덱스펀드의 수익을 떨어뜨리는 역풍이 된다.

여기에서 다시금 그림 1-3에서 S&P500의 2024년 1월 시점에서의 구성을 살펴보자.

매입원가 평균법(Dollar cost averaging) 주가나 투자신탁 등 가격이 변동하는 금융 상품을 정기적으로 매번 같은 금액만큼 지속적으로 투자하는 방법. 매번 금액이 같으므로 주가가 내려가면 매입할 수 있는 주수(株數)가 증가한다.

그림 1-3: S&P500의 종목 구성 FINVIZ의 히트맵 2024년 1월 시점

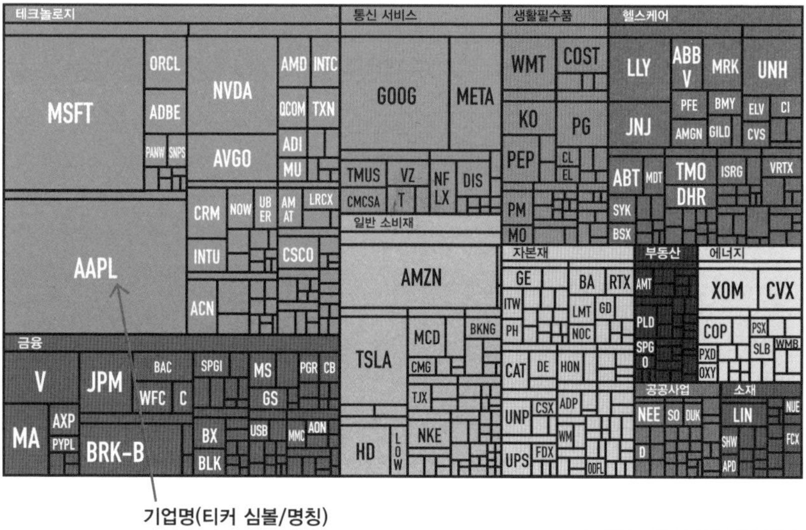

기업명(티커 심볼/명칭)

출처: FINVIZ를 토대로 저자 작성

이 그림의 상자 크기는 지수에 포함된 각 종목의 시가총액을 나타 낸다. 그것을 근거로 보면 구글(Google)=현 알파벳(alphabet), 애플 (Apple), 페이스북(Facebook)=현 메타(Meta), 아마존(Amazon), 마 이크로소프트(Microsoft)의 GAFAM에 테슬라(Tesla)와 엔비디아 (NVIDIA)를 더한 매그니피센트7(Magnificent7)이 약 30%를 차지함을 알 수 있다. 최근 S&P500을 밀어 올린 것은 인터넷과 스마트폰, 전기자 동차라는 과학 기술의 발전에 편승한 고성장 대형주 덕분이다.

그 사이 인터넷과 스마트폰 분야는 이미 성장이 완료되었다는 견해도

FED ▷ Federal Reserve의 약칭. 연방준비제도. 미국의 중앙은행. FRB(연방준비제도 이사회)가 FOMC(연방공개시장위원회)를 실시한다. FRB는 전미 12지구의 연방준비은행으로 구성.

있다. 인간이라면 청년이라고 할 수 있을까? 앞으로도 경제를 리드하겠지만, 아기에서 청년이 되듯이 부쩍부쩍 자라는 성장은 전망할 수 없을 것이다.

이런 초대형주가 S&P500의 30%를 차지한다는 것은 이 7개사의 주가 움직임으로 S&P500의 성과도 대부분 정해진다는 말이다.

AI나 기계 학습 등 새로운 혁신 재료에 대한 기대로 2023년에는 또 매그니피센트7의 주가가 크게 올랐으나 이런 분야가 S&P500의 다른 기업의 업적을 실제로 움직이고 경제를 약진시키는 영향력을 가질 때까지는 어느 정도 시간이 걸릴 것이다.

▶ GAFAM을 제외한 S&P500는 TOPIX와 다르지 않다

사실 S&P500에서 GAFAM을 제외한 성과는 TOPIX(도쿄 증권거래소 주가 지수)와 다르지 않다고 할 수 있다. TOPIX는 일본의 버블 붕괴 이후, 30년 이상이나 침체가 이어졌는데, GAFAM의 고성장이 멈춘다면 S&P500도 그렇게 될 가능성이 적잖이 있다.

그렇다면 S&P500 이외의 인덱스펀드라면 어떨까? S&P500에 이어 인

TOPIX ▷ 도쿄 증권거래소의 주가 지수. 도쿄 증권거래소에 상장하는 종목을 대상으로 산출, 공표하는 주가 지수. 일본 내에서 운용되는 투자신탁의 벤치마크로 많이 이용된다.

기 있는 전미형 펀드를 구성하는 기업은 약 4,000개다. 이쪽도 분산도에서 인기가 있는데, 사실 그 내역(시가총액)은 S&P500의 500개 회사가 약 80%를 차지한다. 그림 1-4를 보면 알 수 있듯이 VOO(S&P500의 대표격)와 VT I(전미형 ETE의 대표격) 차트를 비교해 보면 성과에 거의 차이가 없다. 13년이라는 오랜 시일의 차트에서도 선이 거의 겹쳐 보인다.

마찬가지로 인기가 있는 VT(전 세계형 펀드의 대표격)는 약 8,900개 회사로 구성되어 있다. 더욱 분산이 효과적인데, 역시나 내역(시가총액)은 전미형 펀드가 약 60%를 차지한다. 그림 1-4를 보면 VT는 S&P500을 상당히 언더퍼폼(Underperform, 하회한다)하고 있는데, 역시 이쪽도 S&P500의 움직임에 꽤 연동된다. 즉 전 세계형 펀드라도 미국의 초대형주 주가 동향에 크게 영향을 받는다는 것을 알 수 있다.

이외의 인덱스펀드는 성장률에 비해 주가변동성(리스크)이 지나치게 높고, 최근 10년 동안 앞에서 언급한 지수 연동 ETF의 성적이 다른 ETF에 비해 매우 좋기 때문에 방치형 투자의 후보에는 거의 오르지 않는다. 하지만 그렇기에 공부해서 긍정적인 α(S&P500의 성적과 그 외의 투자 성적의 차이)를 창조할 수 있는 ETF나 개별 종목에 투자하는 묘미가 있는 것이다. **시간과 노력을 들인다면 미국 주식·ETF로 액티브 운용하고, 핵심 인덱스 투자의 리턴으로 플러스 α를 노리는 것이 낫다는 것**이 내 견해다.

전미형 펀드 ▷ 약 4,000개의 미국 상장주 전체에 투자하는 투자신탁. 전 세계형이 유럽과 신흥국의 주식 등도 포함하는 데에 비해 전미형은 미국 상장주만을 대상으로 한다.

그림 1-4: S&P500과 전미형 펀드와 전 세계형 펀드의 성과

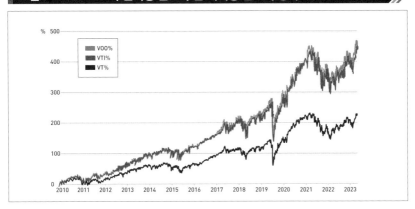

저자 작성

재현성 높은 액티브 운용

적립식 인덱스 투자를 관두자는 말이 아니다. 연이어 적립식 인덱스 투자를 핵심으로 놓고, 미국 주식·ETF를 위성으로 섞어서 투자한다. 그 결과 인덱스보다 플러스 1~2%의 리턴을 노려가자는 제안이다.

'고배당 투자'라는 배당금을 목적으로 하는 주식 투자도 있는데, 복리를 이용한 자산형성을 목적으로 하는 경우는 피해야 한다. 고배당 주식은 이미 자산 형성을 끝내고 그 자산이 창출하는 배당으로 생활하는 사람에게 맞는다. 개별주라도 상당히 시간과 노력이 드는 데이트레이드나

주가변동성(Volatility) ▷ 가격 변동의 정도를 나타내는 말로 리스크의 정도를 말할 때 사용된다. 주가 변동성이 크다(높다)는 것은 가격 변동이 크다=리스크가 높다는 것을 나타낸다.

일확천금을 노리는 집중 투자도 이 책이 다루는 범주에서 벗어난다. 환율 트레이드나 선물 거래, 암호자산이라는 투자도 리스크 컨트롤이 어려우므로 실패하지 않는 투자에서 벗어날 것이다. 반대로 돈과 부동산은 실패하지 않는 투자가 될 수 있으나 각각 특유의 공부가 필요하다. 미시경제의 사고방식은 참고가 될 수도 있으나, 이 책의 내용은 별로 응용할 수 없다.

▶ 소소한 이익이라도 복리로 차이가 난다

⟶

투자에서 손을 떼야 할 정도로 손해를 보는 일 없이 장기적인 관점으로 인덱스보다 1~2% 추가를 목표로 한다. 그것이 복리에서 큰 차이가 된다. 1~2%를 끌어올리는 일은 각자의 투자 실력에 달려 있다. 투자를 공부하는 것은 우연한 행운으로 얻을 수 있는 리턴보다도 귀중한 평생의 재산이라고 믿는다.

금융청 자산운용 시뮬레이터(http://www.fsa.go.jp/policy/nisa2/moneyplan_sim/index.html)을 이용해 계산해 보기 바란다.

그림 1-5는 다음 3개의 패턴의 이율로 운용한 경우의 자산 형성액 차이를 나타낸다. 매월 5만 엔의 적립으로 연이율 6%로 운용한 경우, 30년 후에 자산은 5,000만 엔까지 쌓이는데, 만약 8%로 운용한 경우는 7,450

판매 이익 ▷ 주식을 매각했을 때 발생하는 이익. 양도 이익. 일본 내에서는 20.315%(2037년 말까지)의 과세가 부과된다(매각하지 않아도 발생하는 배당금에는 별도의 세제가 적용된다).

그림 1-5: 복리에 따른 자산 형성액의 차이

[5만엔을 6% 이율로 30년 운용한 경우]

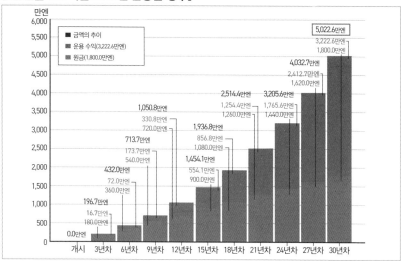

[5만엔을 8% 이율로 30년 운용한 경우]

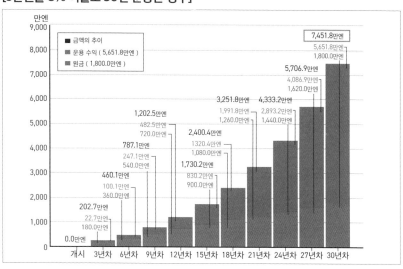

복리 ▷ 운용으로 얻은 이익을 원금에 더해서 재투자하는 일로 운용 자산이 늘어나는 구조. 투자 원금이 점점 늘어나므로 길게 맡기면 지수관수적인 효과가 생긴다.

[5만엔을 10% 이율로 30년 운용한 경우]

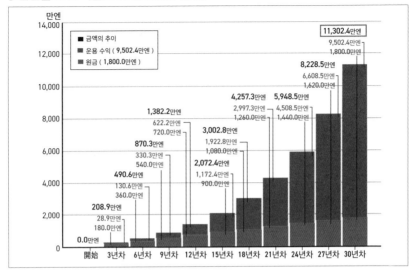

출처: 금융청 자산 운용 시뮬레이션을 이용해 산출

만 엔, 10%로 운용한다면 1억 엔을 넘는다. 복리의 원리로 단 2%의 차이가 장기로는 큰 차이가 된다는 것을 알 수 있다.

배당 이익율 ▷ 현재 주가에 따라 투자액에 대해 1년 동안 받는 배당금이 몇 %인지를 나타낸다. 배당 이익률이 몇 % 이상인 주식은 고배당주라고 부르며, 시세가 좋지 않을 때 인기가 높아지는 경향이 있다.

왜 미국 주식에 투자하는가?

///

▶ 경제가 성장하고 있다

───→

　주식이 아니라 미국 주식·ETF인가? 전 세계 다른 나라들이 아니라 미국 기업에 투자해야 할까? 생각해 보자.

　기본적으로 어떤 투자든 투자처의 업적이 성장하기에 따라 우리가 혜택을 받는다. 따라서 당연히 성장하는 기업에 투자해야 더 높은 성과를 내다볼 수 있다.

　또한 CHAPTER 2에서 설명하겠지만, 각 기업 주가의 움직임은 그 국가의 경제에 상당히 영향을 받는다. 그렇다는 것은 성장하는 경제에 속한 기업이 단연 유리하다는 말이다. 일본처럼 오랫동안 경제가 정체되어 있는 국가는 주식이 성장하는 기업의 수가 많지 않을 것이다. 성장하는 경제에 속한 기업의 주식은 순풍을 만난 요트와 같다.

　경제가 성장하는 2대 요인은 인구의 증가와 생산성의 증가다. 유감스럽게도 일본을 포함한 많은 선진국은 인구의 증가가 상당히 낮거나 마이너스다. 다음과 같은 이미지다.

★ (인구 1% 증가)+(생산성 1% 증가)=경제 성장 2%

★ (인구 1% 감소)+(생산성 1% 증가)=경제 성장 0%

인구가 증가하는 국가의 경제 성장을 뛰어넘으려면 생산성을 상당히 올릴 필요가 있다.

잘 알려졌듯이 미국은 다민족 국가다. 덕분에 지금도 인구가 늘어나고 있고, 앞으로도 그 상황은 이어질 것이다.

게다가 창업하기 쉬운 토양이 완전히 다져져 있어서 **누구나 단 한세대만에 빌리어네어가 될 가능성이 있는 국가이므로 전 세계의 우수한 기업가들이 미국에 모인다.** 혁명적인 아이디어로 무장하고, 의욕적이고 저돌적으로 노력하는 헝그리 정신의 소유자들이 앞다투어 미국 주식 시장에 상장(上場)한다.

미국이라는 강한 경제의 흐름 속에서 경쟁을 이겨내고 성장하는 기업이 미국 경제를 더욱 강고히 한다. 그런 선순환이 돌아가고 있다.

덧붙이자면 미국의 대기업 대부분이 전 세계를 시장으로 하고, 세계 각지에서 돈을 벌고 있다. 그 역동감은 한국·일본 기업이나 유럽 기업에 비할 바가 아니다.

앞서 봤듯이 만약 미국의 경제가 정체기에 들어간다고 해도 미국 기업은 세계 어딘가에서 발전하는 나라를 찾아 탐욕스럽게 경제 활동을 할 것이다. 그러므로 전 세계 국가들과 비교해도 아직 미국이 유리하다.

빌리어네어(Billionaire) ▶ 개인 자산 10억 이상인 사람. 주로 미국 달러를 기준으로 사용되므로 일본 엔으로 환산하면 개인 자산이 1,400억 엔을 넘는 억만장자를 의미한다. 미국에는 현재 759명의 빌리어네어가 있다.

▶ 선진국이다

인구의 증가나 경제 성장률로 보자면 동남아시아, 아프리카, 인도 등의 이머징 마켓이 신경 쓰일 수도 있다. 다만 투자처로 봤을 때 환율의 불안정함, 회계 감사나 각종 규제 등 법률의 정비라는 점에서 장벽이 확 올라간다. 또한 급성장하는 만큼 급격한 쇠퇴도 우려된다.

이 책의 목적은 본업이 아니라 어디까지나 취미에 가까운 형태로 하는 개인투자자의 투자 전략이므로 안전의 측면부터 생각하면 투자처는 역시 선진국으로 좁혀진다. 선진국 중에서 인구가 꾸준히 증가하는 곳은 미국과 오스트레일리아뿐이다. 다른 주요 선진국은 인구 성장률이 상당히 감속했거나 이미 감소로 돌아섰다. 미국과 오스트레일리아 두 나라의 GDP를 비교하면 미국은 세계 1위, 오스트레일리아는 12위다. 경제 규모가 압도적으로 차이가 난다.

이머징 마켓(Emerging market) ▷ 신흥국 시장. 중남미, 아시아, 동유럽 여러 국가 등을 가리키며, 브라질, 러시아, 인도, 중국이 대표적이다. 고성장이 기대되지만, 정치적 불안정성 등 리스크도 크다.

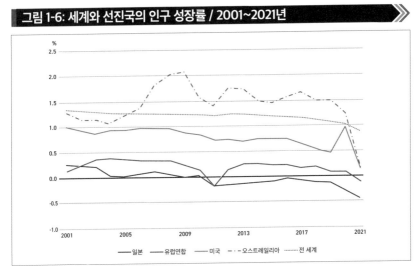

그림 1-6: 세계와 선진국의 인구 성장률 / 2001~2021년

출처: THE WORLD BANK(CC BY 4.0)을 토대로 저자 작성

▶ 일본 엔을 분산한다

1989년 말에 역대 최고였던 닛케이 평균 주가는 30년이 넘도록 갱신되지 않았다. 물론 매력적인 기업이나 산업이 있고, 그런 기업에 투자하는 것은 좋은 일이다(이 책의 내용은 일본 주식에도 응용할 수 있다). 다만 성장하는 경제에 속하지 않는다는 불리한 상황에서 싸우는 것은 부정할 수 없다.

게다가 그림 1-7을 보면 알 수 있듯이 1970년대부터 1995년 부근까지 엔 달러 시세는 계속 우하향, 즉 엔화 강세의 추이였다.

GDP Gross Domestic Product의 약칭. 국내 경제 활동에서 창출된 부가가치의 합계액. GDP의 증가는 경제가 성장하고 있음을 나타낸다.

그림 1-7: 엔 달러 환율 / 1971~2024년

저자 작성

　이것은 일본의 버블 붕괴 전 오랜 시간에 걸친 경제 성장이 엔의 가치를 밀어 올렸기 때문일 것이다. 버블 붕괴 후 엔 달러 시세는 1달러에 150엔부터 1달러에 80엔 사이를 왔다 갔다 하면서 30년 동안 거의 변동이 없는 추이를 보였다.

　개인적인 의견으로 엔 달러 시세는 앞으로도 이 범주를 오르내리는 추이를 보일 것이다. 하지만 일본의 경제 성장률이 미국을 오랫동안 크게 하회하는 상황이 되는 경우 엔 달러 시세가 30년의 횡보를 끝내고 1달러에 150엔이 넘는 엔화 약세가 되어 장기적으로 우상향하는 환율 시세가 될 가능성이 없다고는 단언할 수 없다.

닛케이 평균 주가　일본 경제신문사가 발표하는 도쿄 증권거래소 상장 종목에서 선정한 225종목의 주가 수준을 나타내는 지표. 일본을 대표하는 기업 주가의 추이를 과거를 거슬러 볼 수 있다.

엔화만으로 자신의 자산을 갖고 있는 것은 엔화에 집중 투자하는 일이라 할 수 있다. 리스크를 분산한다는 의미에서도 달러 표시 자산을 가지는 일이 현명할 것이다.

일본도 고도성장이라고 일컬어졌던 시대에는 활기찬 투자 대상으로 주목을 받았다. 나는 1991년에 미국 대학에서 1년 동안 학부 유학을 했지만, 그때 미국인은 일본에 매우 흥미를 보였다. 하지만 지금은 다르다.

나는 업무상 경제·금융을 주제로 하는 공부 모임이나 대규모 회의에도 자주 출석하는데, 그런 자리에서 최근 일본이 화제에 오르는 일은 드물다. 2023년에는 카리스마 투자자 워런 버핏이 일본의 종합상사 관련 주를 추가 매수했다는 사실이 뉴스에 나와서 일본 주식이 일시적으로 미국투자자 사이에서 주목을 받았으나 해외투자자 사이에서 일본 주식의 인기가 장기적으로 이어질지는 의문이다. 해외투자자는 주가가 올라가 있으면 주목하지만, 정체하면 바로 흥미를 잃는다.

일본도 매력이 있는 나라이지만, 투자처로 봤을 때 미국을 제외한 다른 선진국과 마찬가지로 정점을 지난 경제라고 간주된다. 성숙한 어른의 경제라고 생각하면 그것도 훌륭하지만, **성장하는 경제에 투자한다는 대원칙을 토대로 하자면 투자자에게 별로 환영받지 못한다.** 물론 일본에도 급성장하는 개별 기업이 있겠지만, 해외투자자들이 그런 기업을 원격으로 분석하는 일은 어렵다.

워런 버핏(Warren Buffett) 세계 최대급 투자지주회사인 버크셔 해서웨이의 필두 주주, 회장 겸 CEO. 2020년 일본 5대 상사의 주식을 각 5% 이상 취득했고, 23년에 추가 투자했다.

이 책을 읽는 사람은 아마도 대다수가 자국에서 일을 하고 자국의 돈으로 수입을 얻을 것이다. 저축의 대부분도 그렇게 할 것이다.

미국 주식·ETF에 투자하면 자신의 포트폴리오(자산 구성) 중에서 자국에 대한 집중도를 분산하게 된다. 이것은 S&P500 등의 인덱스 투자에 대해서도 말할 수 있다.

▶ 환율은 신경 쓰지 말 것

→

미국에 살지 않는 사람이 미국을 투자처로 고르면 당연히 환율과 관련이 생긴다. 일본에서 S&P500 연동 인덱스펀드에 투자하거나 미국 주식·ETF를 매매하면 투자 성적도 무심코 일본 엔으로 환산해서 보는 일이 많으므로 환율의 영향이 신경 쓰일 것이다.

엔화 약세의 타이밍에 달러 기반의 투자를 하는 데에 주저하고 싶어지는 기분도 이해한다.

하지만 미국 주식·ETF를 매매하는 타이밍을 환율의 타이밍으로 정하지 않는 편이 낫다는 것이 내 조언이다. 장기적인 관점으로 보자면 **환율을 신경 써서 미국 주식·ETF 투자를 시작하지 않는 기회 손실이 더 아깝다**. 미국에 투자한 자산의 퍼포먼스는 엔화로 환산하지 말고 달러 표시로 보는 습관을 들이자. 나는 엔화 표시 투자는 엔화로, 달러 표시 투자는 달러로 리턴을 본다.

포트폴리오 ▶ 보유하는 자산의 구성을 말한다. 현금, 주식, 투자신탁, 외화 예금, 부동산, 금융파생상품, 공사채 등 모든 금융 자산을 포함한다. 주식 투자 부분만 그렇게 부르는 경우도 있다.

"달러 예금 같은 시스템을 이용하는 편이 낫지 않나요?"라는 질문도 자주 받는데, 내 생각으로는 "NO"다. 그런 시스템을 이용하는 경우는 그것을 위해 조사하거나 생각하는 시간을 상회할 만큼 이익이 나오는지, 수수료는 얼마나 드는지 잘 검토하길 바란다.

▶ 영어를 잘못해도 괜찮다

환율은 차치하고, 일단 영어에 자신이 없다는 사람도 있을 수 있다. 미국 주식·ETF라고 해도 국내 증권회사에서 거래하므로 매매에는 지장이 없을 것이다. 참고로 빈번하게 매매하는 트레이드가 아니므로 시차도 거의 문제가 되지 않는다.

다만 투자를 검토할 때는 최대한 1차 정보에 접하는 편이 유리하다. 다행히 영어 웹사이트를 보기 위한 번역툴도 점점 진화하고 있고, 동영상 자막도 마찬가지다. 애초에 투자에 자주 나오는 단어는 한정되어 있으므로 차차 눈과 귀가 익숙해져서 감을 잡을 수 있을 것이다. 비즈니스 영어까지 습득해서 행운이라고 긍정적으로 받아들이자. 추천하는 정보 소스는 책 끝에 정리해 두었다.

달러 예금 ▶ 외자 예금. 미국 달러 등의 외국 통화 표시로 맡기는 예금. 맡긴 외국 통화의 금리를 받을 수 있어 대개 엔화 예금보다 높은 금리가 적용되지만, 환율 리스크가 발생한다.

플레이어로서 자신의 실력을 파악한다

///

▶ 주가는 가장 정확한 시장 참가자의 폴

주가는 국가의 거시 경제에 영향을 받는 부분이 매우 크지만, 한편으로 주가나 거래량은 시장 참가자의 가장 정확한 폴이라고 한다. 폴(poll)이란 선거의 여론조사를 말한다. 주가는 시장 참가자의 의견을 반영해서 오르거나 내려간다는 것이 이 말의 의미다. 시장 참가자란 주식을 매매하는 사람을 말하며, 주식 투자를 시작하면 모두 그 한 사람이 된다.

다만 주식의 경우는 선거와 달리 1인 1표가 아니다. 주식에 투자하는 액수로 영향력이 달라진다. 그곳에는 매우 숙련된 전문가도 있고, 초보자라고 해서 특별한 규칙은 적용되지 않는다. 말하자면 세계 1위의 스포츠 선수와 아마추어 애호가가 같은 필드에 서는 것이다.

투자를 시작하기 전에 시장 참가자에게는 어떤 면면이 있는지, 영향력 있는 사람은 누구인지 알아두고, 자신의 위치를 확인하자.

크게 나눠 기관투자자(기업), 초부유층(개인이지만 전문가, 혹은 전문가 수준의 리소스가 있는 개인이 운용), 리테일(개인, 스스로 운용)로 나

거시 경제 ▶ 거시는 '거대한'이라는 의미로 경제 사회 전체의 동향을 말한다. 반대로 미시 경제는 개인이나 개별 기업을 최소 단위로 하고, 그 의지나 활동 등으로 좁은 범위에서 경제를 분석하는 일이다.

눌 수 있다.

기관투자자

기관투자자는 주로 연금운용회사, 투자신탁회사, 국가, 학교(대학 등), 헤지펀드 등의 형태가 있다. 기관투자자란 한마디로 다른 사람의 돈을 맡아서 운용하는 기관이다.

몰랐다는 사람도 있겠지만, 정부도, 연금 기금도, 학교도, 각각 투자해서 돈을 불리고 있다. 최대한 위험을 무릅쓰지 않고, 중장기적인 스탠스로 손해 없는 투자를 하려고 노력한다.

내가 몸담아 온 헤지펀드도 마찬가지다. 전문가는 손실이 허용되지 않고, 손해를 보면 선수 교대(해고)다. 그것을 피하기 위해 애널리스트들이 철저히 투자처를 조사하고 분석해서 포트폴리오 매니저에게 프레젠테이션하고, 정해진 방침에 따라 트레이더가 최대한 저렴하게 사서 최대한 비싸게 팔아 손해가 없도록 한다. 그 핵심을 CHAPTER 2 이후에서 소개한다.

이외에 모두 들어본 적이 있는 기관투자자의 종류로 벤처 캐피털, 프라이빗에쿼티, 엔젤투자자 등도 있으나 이런 펀드나 투자자는 상장하지 않은 기업에 투자한다. 따라서 이 책의 취지에서 벗어난다.

포트폴리오 매니저 일반적으로 특정 자금의 운용자를 말한다. 맡은 고객의 자산을 적절한 방법으로 투자·운용해 수익을 올리는 일을 목적으로 일한다.

초부유층은 기관투자자와 달리 자기 돈을 투자한다. 타인의 돈을 맡아서 운용하면 설령 소액이라도 정의상 기관투자자가 된다.

미국에서는 개인 자산이 10억 엔 가까이 늘어나면 대개 전문가를 고용해 자산 운용을 위탁한다. 그 자산 운용을 기업에서 맡는 것이 프라이빗 뱅크(Private Bank), 개인이 담당하는 것이 인디펜던트 웰스 매니저(Independent Wealth Manager)다.

게다가 자산액이 25억 엔 정도까지가 되면 멀티 패밀리 오피스(Multi Family Office)라는 조직이나 아웃 소스드 CIO(Outsourced CIO)라고 불리는 개인 혹은 기업이 맞춤형으로 자산 운용을 맡는 경우가 늘어나고 있다.

개인 자산 50억 엔, 100억 엔을 넘는 자산을 가진 초부유층은 싱글 패밀리 오피스(SFO)를 만드는 경우가 늘고 있다. 이것이 내 현직이다. SFO는 한마디로 전속 헤지펀드다. 다만 다른 헤지펀드와 달리 다른 사람의 돈을 운용하지 않는다. 초부유층 클라이언트의 자산 상황을 항상 파악해서 그 가족을 위해서만 적정한 포트폴리오를 제안하고, 투자처에 대해 정밀 조사하고 조언하는 방식으로 운용한다.

SFO는 각 가족의 니즈에 유연하게 대응하므로 그 형태는 다양한데, 세금 대책, 상속 전략, 자식과 손주 세대의 금융 교육 등을 맡는 SFO가 많다. 또한 SFO를 설립한 초부유층 가족의 멤버가 SFO의 사원이 되는 경우도 자주 있는데, 그런 경우 가족 이외의 전문가도 사원으로 고용하는 경우가 대부분이다.

▶ 리테일(일반층)

→

이런 조직의 높은 수수료를 주고 전문가를 고용하기에는 수수료가 부담스러운 자산액을 가진 개인, 혹은 부유층이라도 스스로 자산 운용을 하고 싶은 개인은 스스로 자신의 돈을 투자한다. 이런 개인투자자를 리테일(Retail)이라고 부른다.

리테일에는 전업투자자와 겸업투자자가 있다.

전업투자자는 투자 수익만으로 생활하는 사람이다. 수법도 스탠스도 다양해서 온종일 주식을 매매하는 데이트레이더(Day trader), 1~2주부터 2~3개월의 주기로 매매하는 스윙 트레이더(Swing trader)는 기술적 분석을 중시하며, 1~5년에 매매하는 중장기 트레이더는 기업 분석을 철저히 한다. 나도 전업투자자의 이야기를 듣기도 하는데, 소위 불로소득이라기보다 풀타임(게다가 꽤 야근도 있는)이라는 이미지다. 재능과 노력과 많은 액수의 돈을 움직일 담력이 필요해서 길게 지속하기에는 문이 상당히 좁은 편이다.

겸업투자자는 다른 일을 하면서 투자하는 사람들이다. 크게 3종류로

자산 운용 ▶ 예금이나 저금으로 돈을 모아 이자를 얻거나 주식이나 채권, 귀금속 등에 투자해 자산을 늘리려고 하는 일.

나눌 수 있는데, 그중 **핵심·위성투자자를 목표로 하는 것이 이 책**이다.

핵심은 없고 위성에만 특화된 것이 겸업 집중 투자자다. 내 지인 중에 겸업으로 100만 엔을 10년 동안 10억 엔 가까이 늘린 강자가 있는데, 이렇게 성공하는 사람은 정말로 드문 존재다.

성공하는 사람 한 명 뒤에 크게 실패한 사람 9,999명이 눈물을 흘릴 확률이다.

핵심 100%라는 사람도 물론 많이 있다. 이 책을 읽고 '역시 나는 적립식 인덱스 투자만 해도 돼'라는 결론에 도달한다고 해도 옳은 선택 중 하나라고 할 수 있다.

전업투자자에게는 재능이 필요하다고 썼지만, 재능이란 그 일에서 재미를 느끼는지 아닌지가 중요하다고 절실히 느낀다. 전업투자자가 몰두하는 모습도, 겸업 집중 투자자가 긴장하면서 노력하는 모습도 정말 힘들어 보이지만, 본인들은 마음속으로 즐기고 있을 것이다.

서두에서 취미라는 마음으로 투자 공부를 시작해 보지 않겠냐고 썼는데, 핵심·위성 운용을 해보고 즐겁지 않으면 핵심 100%로 지속하는 것도 훌륭한 결론이다.

하지만 어떤 일이든 해보지 않으면 자신에게 맞는지 아닌지 알 수 없다. **투자를 공부하고 싶다. 인덱스만 하는 방치형 투자만으로는 만족할 수 없다. 인덱스보다도 높은 수익을 노리고 싶다**는 마음이 있다면 이 책의

스윙 트레이드 ▷ 2~3일, 몇 주 등 비교적 단기 보유 기간으로 주식을 매매하는 거래 방법.

내용을 일단 시도해 보고 맞는 부분은 지속하고, 맞지 않는 부분은 다른 책의 방법을 받아들이자. 시도해 본 후에 즐거우면 지속한다. 역시나 맞지 않다고 느끼면 핵심 100%를 고수한다. 그런 식으로 자산의 스타일을 확립하길 바란다.

**자신의 스타일을 명확히 하기 위해
먼저 대강 시도해 본다**

- 투자는 세계 1위 수준의 프로 운동선수와 아마추어가 같은 필드에 서는 것.
- 자신이 서야 할 위치를 파악해 시도하면서 자신에게 맞는 투자법을 모색한다.
- 핵심·위성 운용이 즐겁지 않다면 핵심 100%로 하겠다는 결론도 있다.

일반층의 강점을 살린다

▶ 일반층에도 강점이 있다

시장 참가자의 면면을 알고, '거액을 움직이는 전문가와 같은 필드에서 투자하는 것인가?' '핸디캡 없이는 이길 수가 없어' '호구가 되면 어쩌지'라고 기가 죽을지도 모르지만, 오히려 전문가가 보기에 개인투자자쪽이 유리한 점이 있다.

반드시 개인투자자의 강점을 스스로 판단하여 앞으로 투자에 살리기바란다.

▶ 장기 투자를 할 수 있다

아크 인베스트먼트(Ark Investment)의 캐서린 우드(Catherine Wood)는 일본에서도 자주 화제에 오른다. 57세에 스스로 ETF 투자관리회사를 설립해 나날이 트레이드 상황을 공개한다는 정책을 일관하므로일반 여러분에게도 전문가의 솜씨와 어려움을 엿볼 수 있다. 성적이 좋으면 주목을 받고, 내려가면 심하게 비난을 받는다.

캐서린 우드만이 아니라 전문가는 이런 압박에 매일 시달린다. 성적이 나쁠 때도 자기 생각을 일관해 투자를 지속하는 것은 매우 어려운 일이다.

투자의 기본으로 **"TIME IN the market is more important than TIMING the market"**이라는 말이 있다.

"시세의 오르내림을 보고 매매하기보다도 길게 투자를 지속하는 편이 유리하다"라는 의미다.

개인투자자는 이 유리한 장기 투자를 자신의 재량으로 핸들링해 간다. 단기에 매매한 것을 다시 사들여 결과적으로 장기 투자가 되는 경우도 있다. 투자에서 손을 떼지 않도록 능숙하게 리스크 관리를 하면서 투자를 오래 하면 최종적으로 성공할 가능성이 커진다.

▶ **매월의 성과를
신경 쓸 필요는 없다**

→

어째서 개인투자자가 장기 투자를 하기 쉬울까? 한 달 단위로 성적을 내지 않아도 되기 때문이다.

전문가는 실제로 돈을 내는 투자자에게 매월 퍼포먼스를 보고한다(상장회사에 투자하는 경우. 비상장 기업에 투자하는 경우라도 분기마다 보고한다). 성적이 내려가면 전화가 시끄럽게 울리면서 투자한 자금을 회수하겠다는 말이 나온다. 이 압박을 상상해 보기 바란다.

아크 인베스트먼트 ▷ 2014년 투자자 캐서린 우드가 설립한 자산운용회사. 파괴적인 이노베이션을 일으키는 기업에 주목, 투자하고, 현재 9가지 ETF를 운용하고 있다.

그래서 전문가는 보고 전에 어떻게든 만회하려고 안간힘을 쓴다. 그러나 초조할수록 필요 이상의 리스크를 감수하거나 전문가답지 않은 트레이드를 해서 오히려 무덤을 파는 일도 적지 않다.

매월의 성과를 신경 쓸 필요가 없는 것은 개인투자자에게 주어진 큰 강점이다. 그러므로 조급하게 수익을 내려고 하거나 지나치게 큰 기대를 품거나 과욕을 부려서 실패를 맛보지 않기를 바란다.

▶ 시세가 좋을 때만 투자 가능

전문가는 다른 사람의 돈을 맡아서 수수료를 받는 일을 하므로 '지금은 투자를 하지 않는다'라는 선택지는 없다. 시세 상황이 나쁠 때도 '지금은 불리하니까 전부 현금으로 가지고 있자'라는 일은 대부분 허용되지 않는다.

헤지펀드에서는 단기간이라면 허용되는 펀드도 있으나 언제까지나 현금 혹은 단기 채권만 가지고 있으면 '그렇다면 스스로 할 수 있다'라고 펀드를 회수당한다. **시세 상황이 나쁘면 나쁜대로 자산을 늘릴 방법을 찾는 것이 전문가**에게 부과된 미션이다.

'지금은 투자하지 않는다' '아무것도 매매하지 않는다'라는 것도 중요한 투자 판단이다. 위성 운용을 시작한다고 해서 항상 매매해야 한다는

퍼포먼스 ▶ 투자의 운용 성과나 운영 실적. 혹은 과거의 가격 동향. 퍼포먼스는 주로 벤치마크(목표 지수)와 비교해서 평가된다.

규칙은 없다. 일단 객석으로 물러나서 시합의 상황을 냉정하게 보면서 작전을 재검토하는 자유가 있는 편이 성공 확률이 높다.

▶ 집중 투자를 해도 가격이 움직이지 않는다

기관투자자는 몇백억 엔이라는 단위로 한 종목에 투자하는 일도 드물지 않다. 그 정도의 액수를 매매하려고 하면 수급의 균형이 무너지기 때문에 주가가 자신들에게 불리하게 작용한다. 그렇게 되지 않도록 시간을 들여 분산하며 트레이드하지만, 그것 또한 사고 싶은 가격으로 사지 못하거나 팔고 싶은 가격으로 팔지 못하거나 하는 딜레마를 일으킨다.

개인이라면 그렇게 되지 않는다. **사고 싶을 때 사고 싶은 만큼 바로 살 수 있고, 손해라고 생각하면 바로 팔 수 있다. 이것은 개인투자자의 매우 큰 강점**이다.

▶ 개인투자자의 불리한 점이 없어졌다

예전에는 전문 투자 애널리스트가 기업에 직접 콘텍트해서 투자 판단에 필요한 정보를 얻었다. 지금은 그것이 금지되어 전문가와 개인 사이

시세 상황 ▷ 시장 속에 흐르는 분위기를 말한다. 시세 상황이 나쁠 때는 좋은 뉴스가 있어도 주가가 거의 반응하지 않고, 나쁜 뉴스가 있으면 바닥까지 내려가는 분위기가 있다.

의 정보의 장벽이 상당히 낮아졌다.

공개된 정보도 얼마 전까지는 한 달에 몇십만 엔을 내거나 상당히 수고를 들이지 않으면 접할 수 없었는데, 지금은 거의 무료로 누구나 순식간에 필요한 정보를 손에 넣을 수 있다.

게다가 이전에는 주가의 거래 수수료가 개인투자자에게 높게 설정되어 있었다. 투자하는 금액이 적기 때문에 투자액에 대한 수수료의 비율이 높았던 것이다.

내가 개인적으로 투자를 시작한 1990년대에는 한 번의 트레이드에 30달러 정도의 수수료가 들었던 것을 기억하고 있다. 그것이 온라인 트레이드의 덕분도 있어서 지금은 거의 무료나 다름없는 가격으로 거래하게 되었다.

이렇게 정보라는 측면에서도 수수료 측면에서도 개인투자자에게 불리했던 요소가 없어진 것은 상당히 기쁜 일이다. 물론 지식과 기술의 차이는 당연히 존재한다. 그것은 이 책을 입구로 삼아 계속 공부하면서 차이를 좁혀 나가자.

참고로 일본에서 미국 주식·ETF에 투자하려면 일본의 증권회사를 통해야 한다.

단기 채권 ▷ 채권의 상환 기한이 1년 이내인 채권을 말한다. 일반적으로 액면가보다 낮은 가격으로 발행되어 도중에 이자 지급 없이 만기 시에 액면가로 상환된다.

미국 주식·ETF의 취급 수가 많은 것(자신이 투자하고 싶은 종목을 취급하는 일)을 판단 재료로 해서 필요하다면 다수의 증권회사에 계좌를 가지는 것도 좋다. 거래 수수료가 저렴하려면 인터넷 증권이 유리하다. 나는 인터넷 증권과 특별 제휴해서 유리한 조건으로 계좌를 개설할 수 있는 캠페인을 하기도 하므로 꼭 내 X나 유튜브를 확인해 보기 바란다.

◀ 일반층의 강점 ▶

- 자신의 재량으로 장기 투자를 할 수 있다.
- 매월 퍼포먼스를 신경 쓰지 않아도 된다.
- 시세 상황이 좋을 때만 투자할 수 있다.
- 가격의 변동 없이 사고 싶을 때 사고, 팔고 싶을 때 팔 수 있다.

주식 투자에 성공하는 사람의 공통점

//

▶ 주식으로 성공하는 사람, 실패하는 사람

투자에는 반드시 리스크에 따라온다. 리턴에 거는 기대치와 돈을 잃을 수 있다는 리스크는 상관관계다. 그렇게 동일한 전제와 규칙으로 투자하는데, 성공하는 사람과 실패하는 사람이 있다.

이 **명암을 가르는 것은 능력의 차이도, 투자 금액의 차이도 아니고 앞으로 설명하는 투자 심리를 알고 모르고의 차이**가 크다고 생각한다. 실제로 투자하는 단계에서 헤매거나 흔들린다면 이 페이지를 몇 번씩 반복해서 읽기 바란다.

▶ 핵심과 위성을 확실히 나눈다

이 책에서 설명하는 투자는 핵심·위성 운용의 위성 부분이다. 적립식 인덱스 같은 비교적 예상 변동률이 낮은 투자를 바탕으로 하고, 일부를 위성으로 미국 주식·ETF에 투자한다. 그 비율을 정하는 방법에 대해서는 238쪽을 참조하기 바란다.

결코 핵심과 위성을 혼동해서는 안 된다. 적립식 인덱스 투자만을 하는 편이 통계적으로는 승률이 높다는 것을 잊지 말자.

몇 번이나 말하지만, 모든 사람이 위성 투자를 할 필요는 없다. 위성 투자는 어디까지나 시간을 들여서 취미처럼 즐기면서 인덱스+α의 리턴을 구하는 투자에 도전하고 싶은 사람에게 적합하다. **위성 투자를 하는 많은 사람이 왜 손해를 보느냐면 적립식 인덱스 투자와 같은 감각으로 방치하거나 공부를 하지 않고 투자하기 때문**이다. 위성 투자는 공부가 필요하다. 일단 이 책 내용을 확실히 이해하고 실천해 보자.

▶ 일환천금은 노리지 않는다

위성 투자에는 공부가 필수다. 당연한 말이지만, 그렇다고 해서 확실히 공부하면 반드시 성공한다고 할 수는 없다. **투자는 "It's more art than science"(과학 이상의 예술)**이기 때문이다. 치밀하게 조사해서 예측하는 과학을 웃도는, 예상외로 답이 없는 예술이 얽혀 있다. 그래서 투자를 길게 하는 사람일수록 주식은 어렵다고 말한다.

이런 불확실한 대상에 전 재산을 던지거나 이것으로 순식간에 부자가 되겠다는 과도한 기대는 절대로 하지 말자. 복권에 전 재산을 걸거나 당첨금 생활을 꿈꾸며 매주 복권을 사는 것과 마찬가지로 현실과 동떨어진 이야기다.

`리턴` ▷ 투자를 해서 얻는 이익을 말한다. 일반적으로 이익을 원금으로 나눈 이익률로 표현한다.

드물게 몇 년 연속으로 매년 자금을 2배로 늘리는 신기한 천재도 있지만, 그런 사람은 특이한 재능과 보통 사람과는 다른 노력, 월등한 담력, 이 전부를 갖추고 있다. 놀라운 천재라 해도 원금의 100만 엔이 2배가 된다면 이익은 100만 엔이다. 몇천만 엔, 몇억 엔으로 자금을 쌓으려면 레버리지를 극대화할 필요가 있다.

레버리지란 가령 100만 엔의 원금으로 100만 엔 분의 주식을 사고, 그 주식을 담보로 돈을 빌려서 100만 엔 이상의 투자를 하는 일이다. 리스크를 감수하고 하는 것은 본인의 선택이지만, 달콤한 꿈을 좇아 따라 하는 것은 위험하다.

이렇게 일확천금을 노리고 주식을 시작하는 사람의 대부분이 돈을 잃고 떠난다. 데이트레이딩이나 환율 트레이딩을 시작한 사람의 약 90%가 5년 이내에 관둔다는 이야기를 종종 듣는다.

내 X에도 이따금 "신용을 이용해 환거래를 해서 빚더미에 올랐는데요. 꼭 배로 갚을 테니 돈 좀 빌려주세요"라는 DM이 온다(물론 빌려주지 않는다). 장기적인 관점에서 성공하는 사람은 주식에 거는 기대치가 현실적이다. 위성으로 인덱스보다 1~2%를 더 얻는 것은 사실 대단한 일이다. 그것은 당연히 얻을 수 있는 급여라기보다 노력한 사람만이 얻을 가능성이 있는 보너스 같은 것이다.

환율 트레이딩(FX·Forex) 다른 두 개의 통화(미국 달러와 일본 엔화 등)를 교환하는 거래를 말한다. 1 달러를 100엔에 구매하고, 1달러 150엔(엔화 약세)일 때 매각하면 50엔의 차익을 얻을 수 있다.

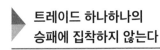

▶ 트레이드 하나하나의 승패에 집착하지 않는다

————————————————————→

손해 보지 않는 투자란 백전백승이라는 뜻이 아니다. 전체적으로 봤을 때 손해보다 이익이 많은 투자를 말한다.

사실 전문가도 성공해서 이익 실현을 할지, 실패해서 손절매할지는 비등비등하다. 승률이 60%라는 사람은 별로 없다. 55% 성공하면 상당히 뛰어난 플레이어라는 말을 듣는다. 오히려 성공하고 싶다, 승률을 올리고 싶다는 감정이 냉정함을 잃게 한다.

이익을 내는 주식은 그대로 길게 가져가고, 손해가 나는 주식은 '이건 내가 틀렸구나'라고 생각한다면 바로 손을 쓰는 것이 전문가의 철칙이다. 가령 승률이 50%라도 손해를 본 트레이드는 취득 단가의 10% 감소로 손절매하고, 이익이 난 트레이드는 20% 올라간 지점에서 이익 실현을 하면 전체적으로 이익이 더 많아진다.

그런데 '승률'에 집착하는 사람은 이익을 내는 주식은 성장하기 전에 이익 실현을 하고, 손해가 나는 주식은 다시 오를 것이라 기대해서 질질 끌다가 큰 손해를 보기 때문에 전체적으로 이익보다 손해가 많아진다.

이익 실현 ▶ 미실현 이익이 있는 주식을 매도해 이익을 확정시키는 일.

▶ 1년 단위로 승패를 중요시한다

트레이드 하나하나의 승패에는 집착하지 말고, 1년 단위로 포트폴리오 전체가 늘어나는지 체크하도록 하자.

예를 들어 '매년 1월 1일에 승패를 정한다'라는 식으로 스스로 설정해서 전체적으로 손해보다 이익이 많은 것을 목표로 하고, 도중에 상황을 보거나 필요하다면 손절매해서 만회할 전략을 짠다.

승패를 정한다고 해도 역시 취득 단가에 지나치게 얽매일 필요는 없다. 가령 S&P500이 15% 내려갔던 해에 자신의 포트폴리오 하락이 8%였다면 충분히 합격이다.

▶ 시세 상황이 나쁘다고 생각하면 개의치 말고 6개월~1년 투자하지 않는다

앞서 말했듯이 시세 상황이 나쁠 때 투자하지 않아도 되는 것은 개인 투자자의 특권이다.

포커에서 자신의 패를 공개하지 않고 다른 사람의 패를 보면서 결정하는 것처럼 사이드라인에 서서 상황을 관찰하고, 계속 공부하면서 타이밍이 좋아지면 참가할 수 있도록 준비하는 기간을 두자.

항상 투자하지 않으면 불안해서 과도하게 긍정적으로 보려 하거나

손절매 ▶ 살 때보다 주가가 내려가거나 올라가지 않았을 경우에 손실을 각오하고 매도해서 손실을 확정하는 일.

지금 사지 않으면 기회를 잃는 것이 아닌지 초조해져서 FOMO(Fear Of Missing Out)라는 증후군이 생기기도 한다. 이것은 **감정 때문에 투자 성적을 떨어뜨리는 결과**를 낳는다.

▶ 제대로 확실히 공부한다

"It's more art than science"인 이상, 투자에 절대적인 것은 없다. 처음에는 손해가 이어지기도 한다. 하지만 공부하면 할수록 분석하면 할수록 손해를 볼 확률은 적어진다.

공부해서 분석하고, 실제로 투자 경험을 쌓는 사람이 능숙해지는 법이다.

★성공하는 사람의 공통점★

- 투자의 마음가짐을 알고 있다.
- 핵심과 위성을 혼동하지 않는다.
- 일확천금을 노리지 않는다.
- 1년 단위로 승패를 중시한다.
- 시세 상황이 나쁠 때는 투자하지 않는다.
- 공부한다.

FOMO Fear Of Missing Out의 약칭. 뒤처지는 공포라는 의미. 주식을 매수하지 않으면 시세 상승에 뒤처지는 것이 아닌가 하는 공포.

투자 초보자에서 탈출하는 방법

▶ 투자는 스포츠 같은 것

이 책을 읽고 나서 주식과 투자에 대해 이미지가 바뀐 사람도 많을 것이라 생각한다. '의외로 수수하다'는 인상을 받았다면 내 의도가 바르게 전달된 것이다.

핵심인 적립식 인덱스 투자가 산책이라면 위성인 미국 주식·ETF 투자는 스포츠다.

트레이닝 없이 풀코스 마라톤을 완주할 수 없듯이 주식도 갑자기 시작해서 갑자기 잘할 수는 없다. 책을 읽기만 해서는 터득할 수 없는 것도 스포츠와 같다.

실천이 필요하다.

실천이라고 해도 연습 시합과 실전은 다르다. 실제로 돈을 들이지 않고 주식 모의 투자가 가능한 웹사이트도 있지만, 역시 진짜 자기 돈을 들여 해보지 않으면 모르는 일도 많다. 그것이 주로 정신적인(감정) 영향을 받는다는 점도 스포츠와 비슷하다.

미국 주식·ETF 투자를 시작한다는 것은 투자 초보자에서 한 단계 위인 중급자의 팀에 들어가는 일이다.

초보자 팀이 나쁘다는 것이 아니라 상위 팀에서만 느끼는 묘미나 이점도 있다.

괜찮다면 함께 트레이닝을 해나가자.

▶ 마법의 법칙이나 반드시 성공하는 방법은 없다

투자 초보자에서 벗어나는 입단 테스트가 있다고 하면 '스스로 판단하는가?'가 전형 포인트가 될 것이다.

투자에는 마법의 법칙이나 반드시 성공하는 방법은 없다. **기본이나 이론은 있으므로 그것은 자세히 설명**하겠지만, 내가 알려주는 것은 어디까지나 과학적인 부분이다.

그래서 나는 "○○의 주식을 사면 됩니다"라고는 말하지 않는다. 의미가 없기 때문이다.

심술을 부리는 것도 아니고, 불친절한 것도 아니다. 매수 타이밍, 매도 타이밍이 어긋나면 같은 결과가 나오지 않기 때문이다.

64쪽의 그림 1-8의 테슬라 주식의 차트를 보자. 같은 주식이라도 2022년 1월에 사서 2023년 1월에 판 사람과 2023년 1월에 사서 2024년 1월에 판 사람은 명암이 또렷이 갈린다.

같은 주식이라도 어느 구간을 잘라서 보느냐에 따라 성공이 되기도 하고, 실패가 되기도 한다.

모의 투자 ▶ 데모 트레이드. 가상의 자금을 이용해 실제의 주가로 주식 투자의 시뮬레이션을 하는 일.

좀더 단기간이라도 마찬가지다. 나는 트레이드하기 전에 "이 주식을 ○달러 부근에서 살 예정입니다"라고 라이브 방송으로 말하는 일은 있지만, 그것을 참고로 투자한 팔로워의 소식을 들어보면 결코 같은 수익은 나오지 않았다(나만 결과가 좋게 나오는 것이 아니다. 실제로 팔로워가 나보다 좋은 경우도 종종 있다).

이 책에는 "○○의 주식을 삽시다"라고 쓰지 않았다.
대신에 스스로 판단할 수 있는 방법과 판단 재료의 기준을 충분히 전달하겠다.

테슬라 전기 자동차와 클린 에너지 관련 사업을 폭넓게 전개하는 미국 기업. 일론 머스크가 CEO.

그림 1-8: 테슬라 주식의 성과 2022~2024년

저자 작성

2022년 1월 360.12엔에 매수해서 2023년 1월에 110.51엔에 매도한 경우와 2023년 1월 110.51엔에 매수해서 2024년 1월 248.42 언저리에 매도한 경우. 전자는 큰 손실을 냈고, 후자는 2배 이상의 이익을 얻었다.

차트 ▷ 과거의 주가 동향을 기재한 그래프. 이동평균선으로 트레이드를 보거나 기술적 분석의 지표를 더해서 앞으로의 주가 동향을 예상 분석한다.

▶ 투자 방식은 천차만별,
자신의 스타일을 모색한다

투자는 100명이 있으면 100가지 방법과 사고방식이 존재한다. 어느 것이 좋고 나쁜지가 아니라 어느 것이 자신에게 맞는지가 중요하다. 누구에게 맞는 수법이 자신에게 맞는다고 단정할 수 없다.

유명인이 성공했다고 해도, 친구가 돈을 벌었다고 해도, 들이는 시간, 투자 금액, 사고방식, 담력이나 스트레스 내성 등 성격에 따라서도 맞고, 맞지 않는 것은 바뀐다.

중요한 것은 어떤 투자법을 이용하는 것이 아니라 누가 그 투자법을 이용하는지다. 이 책의 투자 사고방식은 세계에서 표준적이지만, 이 책 이외에도 많은 책을 읽고, 실제로 투자하면서 여러 시도를 통해 자신에게 맞는 방법과 규칙을 찾아보기 바란다. 그러면 자타가 공인하는 중급자가 될 것이다.

▶ 항상 자책하라
실패에서 배우면 실패는 손해가 아니다

스포츠 경기가 시작되면 코치와 감독은 지켜보면서 조언하는 것밖에 할 수 없다. 플레이하는 것은 본인이다. 우수한 선수일수록 남 탓을 하지 않고, **항상 자책한다. 그 자세가 자신을 성장시킨다.** 투자도 완전히 똑같다. 결과를 자신의 책임으로 짊어지는 사람이 숙달되어 가는 법이다.

심지어 스포츠 시합은 대개 레벨이 나뉘어 있는데, 투자는 갑자기 전문가와 같은 필드에서 싸운다. 수준에 맞는 조절은 없다.

처음에는 아무리 노력을 해도 손해를 볼 것이다. 하지만 그것은 공부 비용으로, 장기적인 관점에서 보면 자기 자신에게 하는 투자라고 생각할 수 있다.

투자는 스스로 판단해서 자신의 방법과 규칙을 모색하고, 시행착오를 거치다 보면 반드시 숙달된다. 사고하기를 멈추고 다른 사람에게 들은 이야기나 어딘가에서 들은 정보에 의존해 트레이드하는 것과는 하늘과 땅 차이가 난다. 다른 사람의 말만 듣고 트레이드를 했다가 실패하면 자신의 의견이 아니므로 왜 실패했는지 짐작이 되지 않고, 실패를 다음에 살릴 수 없기 때문이다. 아무리 하나의 트레이드에 손해를 봤다고 해도 그것을 다음에 살리면 되는 것이다. 그 방법도 CHAPTER 5에서 소개한다.

▶ 스스로 정한 규칙을 지키게 된다면 초보자 졸업

투자에서 손해를 보는 최대의 요인은 무엇이라고 생각하는가? 바로 감정이다. 돈을 벌고 싶다, 손해 보기 싫다, 이렇게 되면 싫다는 감정에 휘둘려 트레이드하면 전문가라도 좋은 결과를 내지 못한다.

자책 문제가 생겼을 때 타인이 아니라 자신에게 원인이 있다고 생각하는 방식. 잘못을 반복하지 않으려면 꼭 필요한 사고방식.

물론 감정은 늘 솟아오르기 마련이다. 나 역시 마찬가지다. 감정에 휩쓸리지 않으려면 어떤 경우에 사고, 어떤 경우에 파는지 스스로 계획을 정해둘 수밖에 없다.

계획을 정해도 실제로 투자를 시작하면 불안과 공포와 욕심이 뒤섞여서 그것을 고수하기가 생각 이상으로 어렵다.

자신이 정한 계획을 냉정히 지키게 되면 진정한 의미로 초보자 졸업이다. 먼저 그 계획을 정하는 방법부터 배워가자.

★ 초보자 탈출법 ★

- 무조건 성공하는 방법은 없다는 것을 알고 있다.
- 항상 자책하고, 실패에서 배운다.
- 자신의 스타일, 규칙을 지킨다.

CHAPTER **2**

주가 동향의 80%는 거시적 으로 정해진다 (거시분석)

거시 경제를 이용해
주가의 동향을 예상한다

▶ 거시 분석과 미시 분석

투자는 "It's more art than science"라고 했듯이 아무리 시간을 들여서 분석하고 공부해도 확실히 성공하는 방법은 찾을 수 없다. 말하자면 '인사를 다해서 천명을 기다린다'라는 심경이다.

모든 것을 내다보고 통제하에 둘 수는 없다. 하지만 천명에 맡기는 것은 자신의 능력으로 가능한 만큼 분석과 예측을 한 후의 일이다. 그렇지 않으면 소중한 돈을 100% 운에 맡기게 된다.

주식 투자는 거시 분석과 미시 분석을 빼놓을 수 없다.

거시 분석은 경제와 주식 시장 전체의 흐름을 읽는 것이고, 미시 분석은 각 기업의 업적 등을 연구하는 일이다(미시 분석에 대해서는 CHAPTER 3에 정리한다).

▶ 주식의 큰 움직임의 80%는
▶ 거시 경제로 정해진다고 생각하라

"주식 동향의 80%는 거시적으로 정해집니다"라는 말은 금융업계의 프레젠테이션에서 반복해서 듣는다. 80%라는 부분에는 여러 의견이 있어서 40%라는 사람도 있고, 90%라는 사람도 있는데, 장기적인 관점으로 봤을 때 주가가 경제 전체의 트렌드와 함께 움직인다는 인식은 모두 동일하다.

예를 들어 반도체 제조회사 A사와 B사가 있다고 하자. 실적이 매우 좋은 A사의 주가가 10% 오를 때 그렇게까지 실적이 좋지 않은 B사의 주가도 5% 올랐다고 한다. A사의 주가가 10% 내려갈 때는 B사의 주가도 15% 내려간다.

오름폭과 내림폭은 달라도 오르내리는 움직임은 비슷하다.

이 장에서는 기초적인 거시 분석과 그 활용을 살펴보자.

▶ FED(미국 중앙은행)를 거스르지 마라

거시 분석의 중요한 열쇠가 되는 것이 바로 금리다.

"Don't fight the FED(FED를 거스르지 마라)"라는 말도 꼭 머릿속에 담아두기 바란다.

FED는 미국 중앙은행(Federal Reserve)을 말하며, FED의 최고 기관이 FRB(연방준비제도 이사회)다.

FED는 일본은행에 해당한다. FRB는 FOMC(연방공개시장 위원회)라는 회의를 연 8회 열어서 정책 금리를 재검토하고, 시장에 어떻게 개입해

거시 분석 경제 사회 전체를 대상으로 경제 분석을 하는 일. 경제 성장률이나 물가 지수 등으로 경제를 수치적으로 파악해 경기 동향 등을 판단한다.

야 하는지를 정하기도 한다.

FED가 어느 정도 금리 인상(금리 인하)을 하는지에 따라 경제의 흐름이 바뀌고, 그 영향을 받아 시장 전체의 주가도 각 기업의 주식도 움직임을 바꾼다.

반드시 항상 이론대로 움직인다고는 단정할 수 없지만, 주식의 행방을 정하는 가장 중요한 힌트로 투자자들은 FED의 금리 재검토가 오는 타이밍도 포함해서 항상 앞을 읽으려고 노력한다.

미시 분석 가계나 개별 기업 등의 작은 범주에 초점을 맞춰서 경제 분석을 하는 일. 거시 분석의 반의어.

금리가 왕이다

▶ 금리가 오르면 주식은 내려간다

이 항목에서 소개하는 것은 미국 국채(10년채)의 이율과 S&P500의 P/E(PER: Per Earnings Ratio=주가를 주당순이익으로 나눈 비율)를 비교한 그래프다 (그림 2-1). 10년채의 이율이 오르면 S&P500의 P/E가 내려가고, 10년채의 이율이 내려가면 P/E가 올라간다는 상관성이 일목요연하게 보인다(코로나 사태 같은 극단적인 위기에는 P/E와 금리가 일시적으로 동시에 내려가는 일이 있다).

여기에서 왜 10년채를 보냐면 주가는 장기적인 업적 성장을 반영하므로 대체로 10년 동안 일정 금리를 받을 수 있는 10년채의 금리와 주가의 밸류에이션인 P/E를 비교하는 일이 많기 때문이다.

또한 S&P500은 미국의 톱 500개 회사를 대표하므로 주식 시장 전체의 경향을 나타내는 데에 사용한다. 즉 S&P500의 P/E는 미국 주식 시장 전체의 밸류에이션을 나타내는 지표다. P/E 자체의 해석에 대해서는 CHAPTER 3의 미시 분석에서 또 설명하므로 여기에서는 금리와 주가가 이 정도로 서로 영향을 준다는 것을 확인해 두자.

 미국 국채 ▷ 미국 재무부(USDT)가 발행하는 국채. 신용력이나 유동성이 높고, 외화준비금(외화 표시 자산)의 주요 자산처가 되고 있다. 또한 미국채의 금리는 장기 금리의 세계적인 지표로 여겨진다.

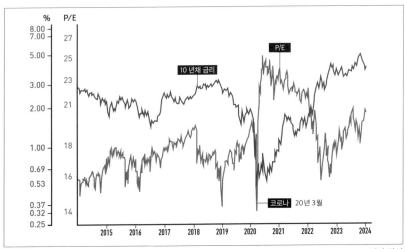

그림 2-1: S&P500 P/E vs 10년채 금리

저자 작성

금리 인상 후에는 높은 확률로 불황이 온다

다음에는 실제로 FED의 금리 추이를 살펴보자. 그림 2-2는 FED가 FOMC(연방공개시장 위원회)에서 정한 단기 금리(Fed Fund Rate)의 변화다.

예를 들어 80년대 초반 FED의 금리는 무려 20% 가까이 인상되었다. 그 후 긴 불황에 들어갔다. 불황 중에 FED는 금리를 내렸다. 그러자 불황이 끝나간다.

단기 금리 ▷ 주로 상환 기간이 3개월 이내인 채권 금리를 가리킨다. FED가 정하는 FF금리는 미국의 민간 은행이 자금을 서로 융통할 때 적용되는 하루 금리로 초단기 금리.

CHAPTER 1에서도 설명했듯이 1950년대부터 1980년대까지 금리는 우상향을 보이고, 1980년대 이후에는 우하향인 것을 알 수 있다. 약 40년 동안 우하향을 그린 금리가 주가 상승을 뒷받침했다.

그림 2-2의 그래프 속 회색 세로선은 불황이다. 그 기간에 미국 경제가 마이너스 성장을 했다는 것이다. 잘 살펴보면 회색선은 금리의 선이 오른 후에 온다는 사실을 깨달았을 것이다. 이것이 금리가 오르면 불황이 온다고 하는 까닭이다.

1955년 이후, 불황은 전부 10번 있었다. 모두 FF금리가 오른 후에 왔다. 금리 인상이 있었는데 불황이 오지 않은 사례는 손으로 꼽을 정도밖에 없고, 1981~1982년의 불황 이후에는 1984년과 1995년 2번뿐이다. 따라서 금리 인상이 있으면 높은 확률로 불황이 온다고 할 수 있다.

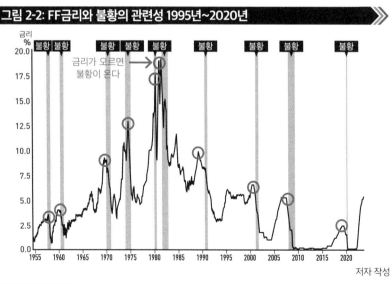

그림 2-2: FF금리와 불황의 관련성 1995년~2020년

저자 작성

금리 인상·금리 인하 〉 정책 금리(FRB 등의 중앙은행으로부터 은행이 돈을 빌릴 때 기준이 되는 금리)를 올리는 일을 '금리 인상', 내리는 일을 '금리 인하'라고 한다.

마찬가지로 전체를 바라보자. FED가 금리를 인상하면 불황이 오고, 불황이 오면 금리를 인하하고, 금리를 인하하면 불황이 끝나고, 좋은 경기가 지속되면 금리를 인상하고, 금리를 인상하면 불황이 오고……. 이것이 반복된다. 그래서 불황이 되면 기업의 업적이 악화되므로 주가는 내려간다. 따라서 다음과 같은 흐름을 떠올릴 수 있다.

★ 금리가 오른다 → 불황이 된다 → 주가가 내려간다

★ 금리가 내려간다 → 불황이 끝난다 → 주가가 오른다

이것을 더욱 이미지로 한 것이 77쪽의 그림 2-3이다.

경제가 성장하고 가열되기 시작하면 인플레이션을 억제하기 위해 FED는 금리를 인상한다. 금리가 인상되면 경기의 성장이 한계점에 이르고, 경제 활동은 수축되기 시작한다. 그것이 진행되어 경제가 마이너스 성장이 되면 불황이다. 불황이 되면 FED는 금리 인하를 시작한다. 금리를 인하하면 경기가 바닥을 치고 오름세로 바뀐다. 제로 지점을 넘어 플러스로 전환되면 호경기다.

하나 주목해야 할 것은 **일반적으로 호경기거나 불경기라고 해도 경기가 상승 국면에 있는지, 하강 국면에 있는지로 상황이 전혀 달라진다**는 점이다. 이에 따라 투자 판단도 바뀐다. 이렇게 투자를 시작하면 일반 뉴스를 한층 더 깊게 파고들어 생각하게 된다.

마이너스 성장 ▶ 국내총생산(GDP)이 전분기 대비, 혹은 전년 대비 감소한 것.

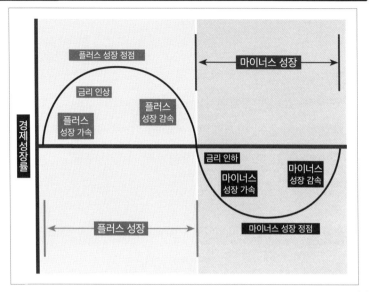

그림 2-3: 경기와 이자율의 주기

플러스 성장 정점

마이너스 성장

금리 인상

플러스
성장 감속

플러스
성장 가속

경제성장률

금리 인하

마이너스
성장 감속

마이너스
성장 가속

플러스 성장

마이너스 성장 정점

저자 작성

인플레이션이 통제되지 않으면
주가가 내려간다

'경기와 주가를 위해서는 금리가 올라가지 않아야 하는데'라고 생각할 수 있으나 경기가 좋으면 이번에는 인플레이션이 염려된다. 인플레이션을 통제하지 못하면 경제는 큰 데미지를 입어 주가도 대폭 하락한다. FED는 그것을 피하고자 한다.

상상해 보자. 경기가 좋으면 기업은 대부분 업적이 좋아진다. 그러면 많은 사람의 급여가 올라간다. 덕분에 상당수의 사람이 돈을 아낌없이

인플레이션 물가가 오르는 일.

쓰게 되고, 물건의 가격이 올라도 잘 팔린다. 그러면 전체적인 물가가 올라서 결국 인플레이션으로 이어진다.

인플레이션이 가열되기 전에 FED는 금리를 인상한다. 이것이 은행이 돈을 빌려줄 때 금리에 영향을 줘서 기업도 사람도 돈을 빌리기 어려워진다. 그러면 돈이 돌지 않게 되어 경제 활동이 둔화된다. 이 현상이 지속되면 불황이 오고, 다시 FED가 금리를 내려서 경제를 자극하는 주기가 반복된다.

그림 2-4: 경기와 이자율 주기의 인과관계

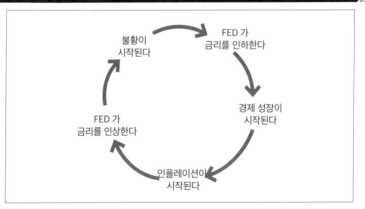

저자 작성

주식 시장은 인플레이션과 경제를 예측해서 움직인다

이런 거시 경제의 움직임을 예측하면서 주식 시장은 움직이고 있다. 개인투자자들은 '지금 경제가 어떤 국면에 있는가?' 'FED가 금리를 어떻게 할 것인가?' '그에 따라 경제가 어떻게 되고, 주가의 트렌드가 어떻게 바뀔 것인가?'를 분석하며 투자 방침을 정한다. 가령 '지금은 경기가 바닥이다'라고 생각하면 다음과 같다.

금리가 내려갈 것이다 → 불황이 끝날 것이다 → 주가가 오를 것이다

이런 예상을 바탕으로 '오르기 전에 투자해 두자'라고 생각한다. 개인 투자자들이 같은 데이터를 보면서 기본적인 이론에 따라 방침을 정하므로 그것이 커다란 트렌드가 된다 (그림 2-5).

투자가 활발해지면 기업 활동도 적극적이 된다. 그것이 경제 전체를 활성화하고, 이것도 경기를 견인한다. 그러면 인플레이션 비율이 올라가므로 개인투자자들은 다음과 같이 예상할 것이다.

금리가 오를 것이다→ 불황이 올 것이다 → 주가가 내려갈 것이다

그래서 내려가기 전에 손을 빼자고 생각하고, 역시 그것이 커다란 트렌드가 된다. 이런 형세로 주식 시장과 경제와 인플레이션을 끝없이 반복한다.

자신만 역방향으로 가지 않도록 제대로 거시 분석을 하자.

트렌드 ▷ 시세의 커다란 방향성이나 경향을 말한다.

그림 2-5: 경기, 이자율, 주가의 주기 타이밍

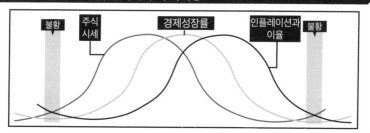

저자 작성

◆ ★ **금리가 중요한 이유** ★ ◆

- 금리가 오르면 불황이 오고, 주가가 내려간다. 금리가 내려가면 불황이 끝나고 주가가 오른다.
- 경기가 상승 국면에 있는지, 하강 국면에 있는지로 주가의 움직임을 예상할 수 있다.

수익률 곡선

▶ 수익률 곡선은 미국 국채의
상환 기간별 이율을 연결한 것

금리를 보면서 수익률 곡선(Yield Curve)도 알아두자.

74쪽의 그림 2-1에서 10년채의 수익률 그래프를 봤는데, 미국 국채에는 10년채 말고도 3개월에서 30년까지 다양한 종류의 상환 기간이 있어서 각각의 수익률이 다르다. 그 수익률을 선으로 연결한 것이 수익률 곡선이다.

그림 2-6의 그래프가 수익률 곡선이다. 이것은 2024년 1월 8일 시점으로 상환 기간 3개월, 2년, 5년, 7년, 10년, 20년, 30년의 수익률이 선으로 연결되어 있다. 단기 금리 쪽이 장기 금리보다 높다. 이것을 역수익률 곡

그림 2-6: 수익률 곡선의 형태(역수익률 곡선)

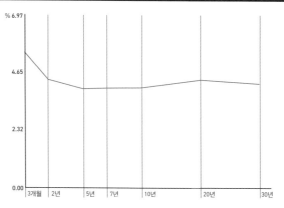

저자 작성

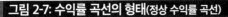

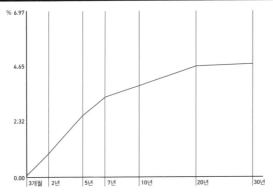

그림 2-7: 수익률 곡선의 형태(정상 수익률 곡선)

저자 작성

그림 2-7은 2010년 1월 8일 시점이다. 단기에서 장기가 되어 가면서 금리가 깨끗하게 높아져 곡선이 우상향을 그린다. 이것이 정상 수익률 곡선이다.

경제가 건전하다면 수익률 곡선은 오름세

수익률 곡선이 우상향(정상 수익률 곡선)이라면 3개월 국채보다 2년이 수익률이 좋고, 5년채, 7년채, 10년채……로 기간이 길어질수록 수익률이 오른다는 뜻이다.

수익률 곡선(Yield Curve) 채권의 수익률(금리)과 상환 기간과의 상관성을 나타낸 곡선. 평상시에는 정상 수익률 곡선(장기금리〉단기금리)이지만, 드물게 역수익률 곡선이 되는 일도 있어 곧 불황이 온다는 신호로 여긴다.

이것이 사실 일반적인 상태다. 기간이 긴 국채에 투자한다는 것은 그동안 자신의 돈을 자유롭게 쓸 수 없으므로 이율이 좋다는 이점이 없으면 보통 그것을 선택하려고 하지 않는다. 하지만 수익률 곡선이 우하향이 되는, 즉 역수익률 곡선이 되는 경우가 드물게 있다.

▶ 어째서 역수익률 곡선이 되는가?

지금 채권 시장은 그 드문 상황에 있다. 2022년 후반부터 2024년 1월 현재까지 수익률 곡선은 계속 역수익률 곡선을 그리고 있다.

이것은 **시장 참가자가 앞을 봤을 때 이율이 내려간다(=경제가 하향세가 된다)라고 전망**하고 있을 때 일어나는 현상이다.

FED가 직접 통제할 수 있는 정책 금리는 3개월보다 더 짧은 하루짜리 단기 금리다(Fed Fund Rate). 단기 정책 금리와는 별개로 채권 시장에서 활발히 거래되는 국채의 금리는 시장의 수급으로 결정된다. 즉 주가처럼 시장 참가자 전원의 얽히고설킨 다양한 예측과 예상과 공포와 욕심으로 결정되는 것이다.

생각해 보자. 만약 2년채의 이율이 4%이고, 10년채의 이율이 3.7%라면 여러분은 어느 쪽을 선택하겠는가?

이것은 은행의 정기 예금을 생각하면 알기 쉽다. 정기 예금은 기한보

상환 기간 ▶ 채권의 발행일에서 상환(맡긴 금액을 매각) 기일(만기)까지의 기간을 말한다.

다 빨리 해약하면 페널티가 발생한다. 2년 사이에 끝나는 정기 예금과 10년 동안 해약할 수 없는 정기 예금. 일반적으로 10년 쪽의 이율이 높지 않으면 수지가 맞지 않는다고 생각할 것이다. 그것이 일반적인 정상 수익률이다.

하지만 이 보통이 통하지 않을 때가 있다. 그것은 **가까운 시일에 금리가 내려간다고 시장 참가자들이 믿고 있을 때**다.

2년채의 상환 기간이 온 2년 후에 그 돈을 사용할 필요가 없다면 투자 전략을 바꾸지 않는 한 또 국채를 사게 된다. 그때 이율은 내려간다고, 분명 3% 이하가 될 것이라고 생각하는 사람은 10년채에서 10년 동안 3.7%를 계속 받는 편이 이익이라고 판단한다. 그렇게 생각하는 사람이 많으면 10년채의 인기가 올라가고, 2년채의 인기가 내려간다.

그래서 파는 쪽에서는 2년채의 이율을 10년채보다 높여서 사게 하려고 한다. 그래서 역수익률이 되는 것이다.

1988년 이후 역수익률이 된 것은 5번밖에 없었다. 그리고 그림 2-8을 보면 알 수 있듯이 10년채 금리와 3개월채 금리의 차이가 마이너스가 된 후에는(그래프의 선이 0 이하가 된다) 반드시 불황이 온다(회색 세로선이 불황).

역수익률=불황이 된다=주가가 내린다.

이런 사인 중 하나가 된다.

이 책을 쓰고 있는 2024년 1월 시점에서 수익률 곡선은 역수익률이 되

정책 금리 ▷ FRB나 일본은행 등의 중앙은행에서 은행이 돈을 빌릴 때 기준이 되는 금리.

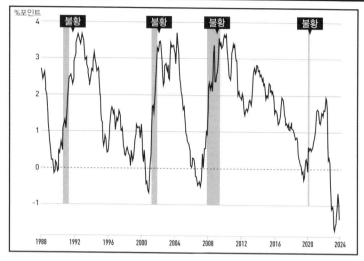

그림 2-8: 미국 10년채와 3개월채의 금리 차이와 불황

%포인트

불황　　불황　　불황　　불황

4

3

2

1

0

-1

1988　1992　1996　2000　2004　2008　2012　2016　2020　2024

저자 작성

어 있다. 10년채 금리가 3개월 금리보다 낮았던 것이 2022년의 11월이므로 실제로 1년 이상 역수익률이 이어지고 있다. 따라서 이번 역수익률은 아직 불황으로 이어지고 있지 않다. 1988년 이후부터 100%의 확률로 불황을 예언해 온 역수익률의 예언력이 사라진 것일까? 앞으로 경제의 동향이 매우 흥미로울 것이다. 거시 경제를 공부할 때는 하나에 흥미를 두면 다른 흥미로운 일들이 줄줄이 따라온다.

★ 수익률 곡선을 보는 법 ★

- 수익률 곡선이 오름세일 때 경제가 건전(健全)하다.
- 국채의 금리는 길게 맡길수록 이율이 좋은 것이 일반적이다.
- 수익률 곡선이 하향세가 되었을 때는 불황이 온다. 불황이 오면 주가가 내려간다.

경제 사이클(성장 vs 가치)

///

▶ **각 국면에
강한 섹터를 확인한다**

이렇게 보면 '경제 상황이 좋지 않을 때는 투자하지 않는 편이 나은 가?'라고 생각할 수도 있다. 불황일 때는 주식 시장 전체가 내려가므로 인덱스펀드의 성적에 크게 영향을 준다.

하지만 어디까지나 전체적인 경향의 이야기다. 상세하게 살펴보면 경제 상황이 좋지 않을 때 성장하는 그룹이나 업계(섹터라고 한다)가 있다. 그것을 확인해서 위성으로 투자하면 **인덱스펀드보다도 나은 수익을 기대**할 수 있다.

먼저 성장주와 가치주에 대해 보자. 지금 고성장하기 시작하는 혹은 앞으로 좀더 업적이 확대될 것으로 기대되는 기업의 주식이 성장주다.

가치주는 일반적으로 이미 다 성장한 기업의 주식으로 장래의 성장은 별로 기대되지 않지만, 밸류에이션이 그 주식의 실제 가치보다 낮은 경우가 많다. 테크놀로지 섹터라고 전부 성장주라고 할 수는 없어서 휴렛패커드(Hewlett Packard)나 아이비엠(IBM) 등은 가치주에 들어간다.

일반적으로 경제가 성장할 때는 성장주가 강하고, 경제의 정점이 보

휴렛패커드 ▶ 컴퓨터나 프린터 등의 전자 기기를 제조·판매하는 기업.

여서 감속하는 시기가 되면 가치주가 적기가 된다는 이론이 있다 (그림 2-9).

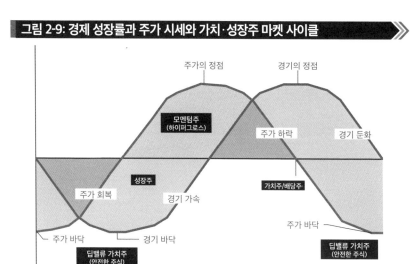

그림 2-9: 경제 성장률과 주가 시세와 가치·성장주 마켓 사이클

주가의 정점

경기의 정점

모멘텀주
(하이퍼그로스)

주가 하락

경기 둔화

성장주

가치주/배당주

주가 회복

경기 가속

주가 바닥

주가 바닥

경기 바닥

딥밸류 가치주
(안전한 주식)

딥밸류 가치주
(안전한 주식)

■ 경제 ■ 시세

저자 작성

경제가 성장할 때는 성장주가 강하다

세상에 없던 제품이나 서비스를 창출해서 큰 인기를 끌어 고성장한 기업은 주가가 10배, 100배 성장하는 일이 있다. 그런 기세가 있으므로 특히 성장률 높은 성장주는 별칭 모멘텀(기세)주라고 불린다. 2023년에 주가가 폭등해서 다시 크게 인기를 끈 매그니피센트7(구글, 애플, 페이스북, 아마존, 마이크로소프트, 테슬라, 엔비디아)은 특히 크게 성장했으므로 **초대형 성장주(Mega Cap Growth)**라고 불린다.

아이비엠(IBM) ▶ 컴퓨터 관련 서비스, 소프트웨어, 하드웨어를 개발·제조·판매하는 세계 최대 규모의 기업.

성장주는 개인투자자를 중심으로 인기가 있고, 인기가 있기 때문에 자금이 모인다. 자금이 모이기 때문에 주가가 오르고, 더 인기가 올라서 주가가 오르는 선순환이 생긴다. 따라서 앞으로 주식의 주가가 가치주처럼 낮아지는 것은 매우 드물다. 밸류에이션(주가 평가)을 신경 쓰다가는 크게 성장하는 주식을 못 살 가능성이 크다. 그래서 **"Buy high, Sell higher"(비싸게 사서 더 비싸게 팔아 이익을 얻는다)라는 것이 성장주의 일반적인 성공법**이다.

다만 S&P500의 약 500개사 중에서 성장주는 겨우 10% 정도로 적고, 새로운 기업을 판별하는 일은 전문가도 어려운 부분이다. 또한 밸류에이션이 높은 만큼 금리가 올라가거나 경제가 하향세가 되면 주가가 확 떨어지기도 하므로 앞으로 경제가 정체한다고 생각되는 시기에는 특히 주의가 필요하다.

성장주가 모이는 QQQ(인베스코 QQQ 트러스트) 지수의 성과를 보면 경제가 성장하고 있을 때 강하고, 축소하고 있을 때 약한 경향을 알 수 있다.

▶ 경제가 하락할 때는 가치주가 유리하다

→

가치주는 기본적으로 이미 성장이 끝난 기업의 주식이다. 테크놀로지 섹터라도 아이비엠(IBM) 등은 가치주에 속한다. 자신이 분석해서 적정하다고 생각하는 주가와 실제 주가의 차이를 깨닫고, 그 차이가 좁혀지

모멘텀주(Momentum Stock) ⟩ 성장 기대가 높고, 주가의 움직임에 성장세가 있는 종목.

기를 기대해서 투자하는 것이 가치주 투자다. **"Buy low, Sell high"(싸게 사서 비싸게 판다)**라고 한다.

많은 시장 참가자보다 자신이 그 주식을 잘 이해한다는 자신이 있을 때 할 수 있는 투자로, 개인투자자가 간단히는 할 수 없는 시장 조사나 업적 분석에 많은 비용과 시간을 들일 수 있는 헤지펀드 등 전문가가 자신 있어 한다.

참고로 아이비엠도 예전에는 성장주였다. 그리고 지금 위세 있는 초대형 성장주인 구글, 애플, 페이스북, 아마존, 마이크로소프트, 테슬라, 엔비디아도 언젠가는 가치주가 될 가능성이 있다.

가치주가 많은 NY다우 평균 퍼포먼스에서는 경제가 하락할 때 가치주가 비교적 강하고, 반대로 경제가 성장하고 있을 때는 언더퍼폼하는 경향이 보인다.

성장주와 가치주는 미시 분석해야 하는 것은 다르지 않으나 (CHAPTER 3에서 자세히 설명한다) 그 분석에 들어가기 전에 1차 전형 같은 느낌으로 거시 분석에 따라 목표로 하는 섹터에 주목할 수 있다.

★ 경제 상태에 따라 강한 주식이 바뀐다 ★

- 경제가 성장할 때는 성장주가 강하다.
- 가치주 투자는 전문가가 자신 있어 하는 분야다.

다우 ▷ NY다우(다우 30종 평균). 미국을 대표하는 우량 30종목의 주가를 단순 평균한 주가 지표. 미국 주식의 움직임을 나타내는 대표적인 주가 지수 중 하나.

경제 사이클(기업 섹터)

//

▶ **교과서적인 경제 사이클과**
섹터 로테이션

경제 상황에 따라 강하다고 여겨지는 섹터는 업계별로도 볼 수 있다. 미국 주식 섹터는 11개로 나뉜다.

경제 성장이 정점을 맞이한 것 같고, 앞으로 경제 성장률이 둔화할 것으로 보일 때는 에너지 섹터 주식에 인기가 모인다. 경제 성장률이 정점에 가까우면 인플레이션이 가속하고, 원유를 포함한 코모디티(대체 가능 상품)의 가격이 상승하는 경향이 있기 때문이다.

경제 성장률이 둔화하면 인기는 생활필수품 섹터로 이동하고, 불황이 더 가까워지면 헬스케어 섹터가 유망시된다. **이것은 경기 방어주 (Defensive Stocks)라고 하며, 업적이 경기 동향에 별로 좌우되지 않으 므로** 경제가 한풀 꺾일 때도 주가에 큰 영향은 없을 것이라고 많은 투자자가 생각한다.

완전히 불황이 되면 공공사업 섹터가 주목받는다. 전기세나 수도세 등 공공 서비스 매출은 경기에 좌우되지 않는다.

경기 방어주(Defensive Stocks) ▶ 경기의 변화에 좌우되기 어려운 업종의 종목. 식품, 일용품, 약품, 전기, 가스 등.

그다음 금융 섹터가 오는 것은 이상한가? 경제가 하락하고 기업이 도산해서 채무불이행이 될 가능성이 있을 때 금융주는 바닥을 친다. 앞서 가치주의 설명에서 적정하다고 여겨지는 주가와 현재 주가의 차이를 깨닫고 그 차이가 좁혀지기를 기대해서 투자하는 것이 가치주라고 했는데, **이 시기의 금융주는 전형적인 가치주**다. 경제가 이미 바닥을 쳤다고 투자자가 인식한 경우, 가장 먼저 오르는 것이 금융주다.

밑바닥에서 벗어나 아직 불황이지만 밝은 조짐이 보이면 테크놀로지 섹터, 나아가 경제가 회복하면 일반 소비재 섹터가 회복된다. 아마존이나 테슬라는 이 섹터다.

완전히 호황이 되었을 무렵에 공업 섹터, 이어서 화학, 철강, 섬유 등 자본재 섹터가 활기를 띠는 흐름이다 (그림 2-10).

그림 2-10: 경제와 섹터 로테이션

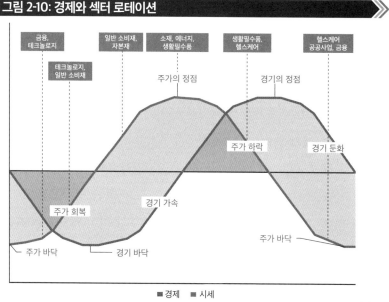

저자 작성

▶ 핀비즈(FINVIZ)의 히트맵을
▶ 보면 알기 쉽다

주의해야 할 것은 이런 사이클이 반드시 교과서적으로 간다고 단정할 수 없고, 교과서에 따라 목표로 하는 섹터나 그것이 강한 경제 사이클의 타이밍이 다르기도 하다는 점이다. 그래서 혼란스러울 때는 지금 경제 상황이 이미 정점인지 아직 오를 것인지, 앞으로 경제는 상승세인지, 하향세인지 누구도 명확히 모른다. 경제 성장률 예상은 월스트리트의 경제학자나 전략가들 사이에서도 의견이 완전히 갈릴 때가 사실 많다.

그래도 기초적인 사고를 알고 투자하는 것과 전혀 모르고 투자하는 것은 크게 다르다.

실제 시장의 움직임이 이론과 다르거나 예상과 다르다고 해도 이유를 생각해 보고 분석하면 평생 쓸 만한 투자력이 길러진다.

그런 분석을 하는 데에 편리한 것이 28쪽에도 살펴본 FINVIZ(핀비즈, 주식 정보 툴 사이트)의 S&P500 구성 페이지(히트맵)다 (그림 2-11). 기업의 시가총액이 면적으로 표시되어 있어서 면적이 넓을수록 시가총액이 높은 것이다. 시가총액이란 '발행제주식(發行濟株式)×주가'이며, 그 기업의 시장 가치를 나타낸다. 또한 그 히트맵을 FINVIZ 사이트에서 보면 각 주식의 성과가 녹색은 상승, 적색은 하락이라는 색의 농담으로 표시되어 있다. 그래서 어느 주식이 오르고, 어느 주식이 내려가고 있는지 한눈에 알 수 있다. 그리고 잘 보면 테크놀로지, 금융 등 업계별로 정리

월스트리트 ▶ 월가. NY 증권거래소가 있고, 대형 증권회사나 은행이 집중된 금융가다. 증권, 금융업계를 표현하는 대명사가 되어 있다.

그림 2-11: FINVIZ를 이용해 성장하는 섹터를 확인

기업명(티커 심볼/명칭)

출처: FINVIZ를 토대로 저자 작성

된 모습이 눈에 들어올 것이다.

　이를 보면 지금 어느 업계(섹터)가 성장하는지, 그중에서도 어느 기업에 성장세가 있는지 직감적으로 알 수 있다. 이것을 이용해 경제 사이클을 예측하거나 예측이 맞는지 확인할 수 있다.

　참고로 대문자 알파벳은 티커 심볼이다. 주식 종목 코드 같은 기호로 AAPL은 애플(Apple), MSFT는 마이크로소프트(microsoft)다.

★ 경제 사이클은 섹터가 로테이션한다 ★

- 경제 상황과 주식의 인기 분야, 업계는 연동되어 있다.
- FINVIZ를 자주 보면서 섹터 로테이션을 확인한다.

전략가(Strategist) 　경제 동향을 분석해서 투자에 관련된 전략(Strategy)이나 방침을 입안하는 전문가.

섹터 ETF에 투자한다

▶ 기업 분석을 할 시간이 없는 사람은 ETF라는 선택지도 있다

거시 분석에서 유리한 섹터를 알고, 그 섹터 중에서 투자할 기업을 찾는다. 그리고 CHAPTER 3의 기업 분석으로 나아가는 것인데, 시간이 없거나 분석이 능숙해지기 전에 위성 투자를 시작하고 싶은 사람은 ETF에서 시작해 보는 것을 추천한다.

ETF란 상장형 투자신탁이다. 투자신탁처럼 다수의 종목이 패키지화되어 있는데, 주식처럼 시장이 열려 있는 동안에는 언제나 매매할 수 있다(하루에 1번, 종가로만 거래할 수 있다). 각 ETF에는 각각 콘셉트가 있어서 성장주 ETF, 가치주 ETF, 각 업계의 ETF 등 천차만별이다. 그중에서도 특정 기업 섹터에만 투자하는 ETF를 섹터 ETF라고 한다.

자신의 거시 분석을 토대로 섹터 로테이션의 이론을 참고하면서 "지금은 테크놀로지 업계가 강세입니다" "앞으로 에너지 업계가 오를 것입니다"라고 전략을 짠다. 그 전략에 맞는 ETF를 국내 증권회사에서 거래할 수 있는 것 중에서 골라 투자하는 흐름이다.

96쪽의 그림 2-12는 각 섹터의 대표적인 ETF를 정리한 리스트다. ETF를 고를 때는 투자신탁과 마찬가지로 펀드 개요를 확실히 이해해서 신

상장형 투자신탁 ▶ 금융 상품 거래소에 상장되어 있어서 거래 시간 내에서는 가격 변동을 보면서 원하는 타이밍에 매매할 수 있는 투자신탁을 말한다. ETF.

탁 보수 %, 순자산 총액도 체크하자.

신탁 보수는 낮은 편이 나은데, 1% 이하라면 합격이다. 특정 섹터는 1%를 넘는 경우도 있으나 1.5% 이상인 경우 다른 것을 찾거나 전략을 재구축하는 편이 낫다. 일반적으로 주식 투자에서 기대할 수 있는 1년의 자산 증가율은 장기 평균으로 7~9%. 신탁 보수로 그 20%가 나간다는 것은 수지가 맞지 않는다. **순자산 총액은 기본적으로 크면 클수록 좋지만, 특정 섹터라도 500million(5억) 달러 이상을 기준으로** 하면 좋다. 하지만 국내에서 살 수 있는 ETF는 대개 괜찮을 것이다.

'펀드가 투자하는 상위 종목'을 보고 모르는 회사가 있을 때는 대강 검색해 보면 언젠가 개별주 투자를 할 때 도움이 될 것이다.

ETF의 이름에 '2배' '3배'라고 붙어 있는 것은 레버리지형으로 가격 움직임이 심하므로 확신이 없는 한 피하는 편이 무난하다. 마찬가지로 '쇼트'나 '베어'라고 붙은 것은 '공매도'를 말하며, 이 책의 대상에서 벗어난다. 이쪽도 이해한 뒤에 투자하도록 하자.

◆ **섹터별 ETF 투자** ◆

- **신탁 보수는 1% 이하가 기준. 특정 시장의 경우라도 1.5%를 넘는다면 재고해야 한다.**
- **레버리지형이나 쇼트라고 기재되어 있는 것은 상품의 특성을 이해한 뒤에 한다.**

투자신탁 ▷ 다수의 투자자로부터 모은 자금을 운용 회사가 주식이나 채권 등에 투자해서 그 운용 성과를 투자자에게 환원하는 금융 상품.

그림 2-12: 각 섹터의 대표적인 ETF

섹터	영문명	티커	강세 시기	서브 섹터	운용액 $ millions	신탁 보수	대표적인 기업
테크놀로지	Technology	XLK	경기 회복	섹터 전반	56,870	0.10%	MSFT,AAPL, NVDA, AVGO,AMD, ADBE
	Technology	QQQ	경기 회복	Nasdaq의 상위100	229,000	0.20%	AAPL, MSFT, AMZN, AVGO, NVDA, META
	Technology	VGT	경기 회복	섹터 전반	57,970	0.10%	AAPL, MSFT, NVDA, AVGO, ADBE, CRM, ACN
	Technology	SOXX	경기 회복	반도체	10,190	0.35%	AMD, AVGO, NVDA, QCOM, INTC
	Technology	SMH	경기 회복	반도체	11,710	0.35%	NVDA, TSM, AVGO, AMD, INTC
	Technology	KWEB	경기 회복	중국 테크	5,050	0.70%	Tencent, Alibaba, PDD, Meituan, NetEase
금융	Financials	XLF	경기 회복	섹터 전반	34,750	0.10%	BRKB, JPM, V, MA, BAC, WFC
	Financials	KBWB	경기 회복	은행	16,300	0.35%	MS, GS, WFC, BAC, JPM, FITB, COF, C
	Financials	KBE	경기 회복	지방 은행	2,060	0.35%	CRBG, ZION, WAL, FITB, CFG
	Financials	KRE	경기 회복	지방 은행	38,100	0.35%	ZION,CFG, TFC, RF, HBAN
	Financials	IAI	경기 회복	투자 은행	423	0.39%	SPGI, GS, MS, SCHW, ICE
	Financials	IAK	경기 회복	보험 회사	471	0.39%	PRG, CB, AIG, TRV, AFL
헬스케어	Health Care	XLV	경기 둔화	섹터 전반	39,670	0.10%	LLY, UNH, JNJ, MRK, ABBV, TMO, ABT, PFE
	Health Care	IBB	경기 둔화	바이오테크	7,880	0.44%	VRTX, AMGN, GILD, REGN
	Health Care	XBI	경기 둔화	소형 바이오테크	7,300	0.35%	CYTK, ARWR, KRTX, RXRX
통신서비스	Communication Services	XLC	호경기	섹터 전반	16,570	0.10%	META, GOOGL, NFLX, TMUS, VZ, EA
	Communication Services	VOX	호경기	섹터 전반	5,320	0.10%	META, GOOG, VZ, NFLX, CMCSA, DIS
부동산	Real Estate	XLRE	경기 회복	섹터 전반	5,790	0.10%	PLD, AMT, EQIX, WELL, PSG, CCI
	Real Estate	IYR	경기 회복	섹터 전반	4,530	0.39%	PLD, AMT, EQIX, WELL, CCI
	Real Estate	VNQ	경기 회복	섹터 전반	33,470	0.12%	PLD, AMT, EQIX, CCI

신탁 보수 ▶ 투자신탁을 관리·운용하는 보수로 투자신탁을 보유하는 사이에 발생하는 비용을 말한다.

섹터	영문명	티커	강세 시기	서브 섹터	운용액 $millions	신탁 보수	대표적인 기업
일반 소비재	Consumer Discresionary	XLY	호경기	섹터 전반	16,570	0.10%	AMZN, TSLA, HD, MCD, NKE
	Consumer Discresionary	ITB	호경기	주택 건축	2,360	0.39%	DHI, LEN, NVR, PHM, HD
	Consumer Discresionary	XHB	호경기	주택 건축	1,610	0.35%	BLDR, DHI, TOL, NVR, PHM
	Consumer Discresionary	XRT	호경기	소매	448	0.35%	LESL, BBWI, ANF, CVNA, WRBY
생활필수품	Consumer Staples	XLP	경기 둔화	섹터 전반	15,330	0.10%	PG, COST, KO, PEP, WMT, PM
공공사업	Utilities	XLU	불황	섹터 전반	14,730	0.10%	NEE, SO, DUK, AEP, D, SRE, PCG, CEG
에너지	Energy	XLE	경기 둔화	섹터 전반	36,000	0.10%	XOM, CVX, COP, SLB, MPC
	Energy	XOP	경기 둔화	소형석유가스 생산채굴	3,480	0.35%	CPE, AR, SWN, MPC, SM
	Energy	IEO	경기 둔화	석유가스 생산채굴	713	0.39%	COP, EOG, PSX, MPC, FANG, HES
자본재	Industrials	XLI	호경기	섹터 전반	15,290	0.10%	CAT, UNP, GE, UBER, BA, HON,
	Industrials	ITA	호경기	항공과 방위	58,500	0.39%	BA, RTX, LMT, AXON, TDG
소재	Materials	XLB	호경기	섹터 전반	5,600	0.10%	LIN, SHW, FCX, APD, ECL, NEM, NUE
	Materials	XME	호경기	메탈과 채굴	1,900	0.35%	X, AA, AMR, FCX, CMC
코모디티	Commodities	GLD	불황	금	56,590	0.40%	금
	Commodities	SLV	불황	은	10,030	0.50%	은
	Commodities	USO	경기 둔화	석유	1,590	0.81%	석유

거시 분석 주로 봐야 할 데이터

///

▶ 가장 중요한 4가지 지표
(FOMC, CPI, 고용 데이터, GDP)

CHAPTER 2의 정리로 거시 분석에서 빼놓을 수 없는 데이터의 출처를 훑어보자 (그림 2-13).

리스트의 중요도인 '가장 중요' '중요' '체크 필요'는 경제 상황에 따라서도 바뀐다. 예를 들어 인플레이션 우려가 있을 때는 CPI가 가장 중요하고, 그것이 진정되고 불황이 오면 고용 통계에 무엇보다 이목이 쏠린다. 잘 모르겠다면 맨 처음은 '가장 중요'만을 정기적으로 보고, 나머지는 때때로 뉴스에서 보고 듣는 데이터의 출처를 엿보면 될 것이다.

먼저 가장 중요의 금리. 71쪽에서 설명한 FOMC의 웹사이트를 소개해 둔다. 미팅 정보에 접속할 수 있다. FOMC의 미팅은 약 1.5개월에 1번(연간 8번)이다.

CPI는 Consumer Price Index의 약자로 소비자 물가 지수를 말한다. 이것이 인플레이션의 지표가 된다. CPI는 매월 둘째 주 화요일, 수요일 혹은 목요일에 지난달의 데이터가 발표된다.

CPI(소비자 물가 지수) ▷ 일반 가구의 소비생활에 필요한 상품이나 서비스를 구매하는 가격의 움직임을 나타내는 지수.

먼저 한 달에 1번 CPI가 발표되는 날을 체크하자. 그리고 애널리스트들의 평균 예상(Consensus=컨센서스라고 한다)도 봐 둔다. **실제로 발표되면 예상치보다 좋은지 나쁜지 그에 따라 주가가 어떻게 움직이는지 살펴보자.**

CPI만이 아니라 거시 경제의 데이터는 실제 수치 레벨보다는 그 수치가 컨센서스보다 높은지 낮은지 검증하는 것이 중요하다. 70쪽에 쓴 이론 같은 움직임을 하고 있는가? 이것을 반복하면 CPI와 주가의 관계를 조금씩 배울 수 있다. 하나 더 주의할 점은 코로나 사태 이후 몇 년 동안 인플레이션율이 치솟아 FED가 금리를 올렸기 때문에 CPI는 거시 경제 데이터 중에서 가장 주목받는 데이터가 되었다는 것이다. 코로나 이전의 세상에서 인플레이션은 상당히 오랫동안 2% 전후로 변화가 적었고, CPI는 별로 주목받지 않는 데이터였다. 이렇게 그때그때 거시 경제와 금리 동향으로 주목받는 데이터는 계속 바뀐다.

매월 맨 처음에 나오는 경제 데이터인 고용 통계는 온갖 거시 데이터 중에서 가장 중요한 데이터다. 매월 첫 번째 금요일에 지난달의 데이터가 발표된다. 특히 **불황이거나 경제 둔화가 염려될 때는 고용 데이터가 거시 데이터의 주역**이 된다. 고용 통계에는 많은 정보가 포함되어 있는데, 주목해야 할 데이터는 Non-farm Payrolls(비농업 신규 고용)과 Unemployment Rate(실업률)이다. 그리고 인플레이션이 염려될 때는 Average Hourly Earnings MOM(평균 시급 월차 변화율)도 주목받는다. 이 경우도 데이터 레벨이 아니라 컨센서스와의 차이가 중요하다. 예를 들어 4%의 실업률이 좋은 데이터가 있으면 나쁜 데이터일 때도 있다.

GDP의 정식 발표는 분기에 1번이지만, 분기가 끝나고 1개월(First Estimate), 2개월(Second Estimate), 3개월(Final Estimate)과 매월, 추정치가 나온다. 이 중에서 가장 중요한 것은 분기가 끝난 다음 달에 나오는 First Estimate다. 이것은 매년 1월, 4월, 7월, 10월의 월말에 발표된다.

GDP 데이터는 FOMC, CPI, 고용 데이터와 비교하면 시세에 주는 영향은 작지만, 그래도 인플레이션이 염려될 때 예상 이상으로 강하거나 경제 성장이 둔화할 때 예상 이상으로 약하면 시세에 영향을 준다.

GDP 데이터에서 하나 더 참고할 만한 것은 애틀랜타 FED가 실시간으로 발표하는 GDP Now(http://www.atlantafed.org/cqer/research/gdpnow)다.

이것은 애틀랜타 FED가 과거의 GDP 데이터를 토대로 만든 GDP 예상 모델로, 인풋된 경제 데이터가 발표될 때마다 예상 수치가 갱신된다. 맞출 때도 있고 빗나갈 때도 있어서 기복이 있지만, 이 모델에 의해 지금 경제는 어느 정도의 속도로 성장하고 있는지 볼 수 있으므로 GDP의 예상에 매우 참고가 된다.

평균 예상(Consensus) ▷ 애널리스트나 전문가가 예상한 수치를 바탕으로 기업 업적이나 경제 지표에 대한 시장 예상 평균치를 산출해서 아직 발표되지 않은 수치를 예상하는 것.

기타 거시 분석에서 봐야 할 데이터
(중요, 체크 필요)

이외에도 중요한 지표의 출처를 그림 2-13에 게재했다. 리스트의 URL은 전부 공적 기관이다.

중요 데이터가 주가를 움직이는 일은 있지만, 가장 중요 데이터만큼은 아니다. 또한 체크 필요 데이터는 주가를 별로 움직이지 않는다. 이런 데이터는 시세를 움직이기 때문이라기보다 거시 경제의 동향을 자기 나름대로 예상하기 위한 정보로 사용된다. 따라서 여력이 없는 경우는 가장 중요만 파악해도 된다.

각각의 데이터가 어떤 정보를 가르쳐 주는지, 사이트를 보거나 스스로 조사해서 서서히 공부하길 바란다.

영어에 자신이 없는 사람도 이 책에 나온 키워드를 파악하면 점점 눈에 익어서 숫자를 골라내게 될 것이다. 문장도 웹사이트의 번역 기능을 이용하면서 처음에는 그냥 봐도 좋으니 근본적인 정보에 접하기 위해 노력하자. 그다음 국내 경제 뉴스 등을 접하면 '이 사람은 이렇게 해석하는구나' '영어 기사에는 다른 견해도 나와 있어'라는 식으로 응용력이 높아진다.

애틀랜타 FED 애틀랜타 연방준비은행. FRB를 형성하는 전미 12지구의 연방준비은행의 하나. 고용된 경제학자들이 만든 독자적인 경제 지표가 유명해서 GDP Now는 특히 주목받는다.

그림 2-13: 거시 분석에서 주로 봐야 할 데이터

중요도	거시 정보	빈도
가장 중요 ★★★	FOMC Meeting (https://www.federalreserve.gov/monetarypolicy/fomc.htm)	연 8
가장 중요 ★★★	Empolyment Data (https://www.bls.gov/ces/)	월 1
가장 중요 ★★★	CPI (https://www.bls.gov/cpi/)	월 1
가장 중요 ★★★	GDP (https://www.bea.gov/data/gdp/gross-domestic-product)	분기 1
중요 ★★☆	GDP Now (https://www.atlantafed.org/cqer/research/gdpnow)	매일
중요 ★★☆	Initial Jobless Claims (https://www.dol.gov/ui/data.pdf)	주 1
중요 ★★☆	Core PCE Price Index (https://www.bea.gov/data/personal-consumption-expenditures-price-index)	월 1
중요 ★★☆	Manufacturing PMI (https://www.ismworld.org/supply-management-news-and-reports/reports/ism-report-on-business/)	월 1
중요 ★★☆	Retail Sales (https://www.census.gov/retail/marts/www/marts_current.pdf)	월 1
체크 필요 ★☆☆	Michigan Consumer Sentiment (http://www.sca.isr.umich.edu/)	월 1
체크 필요 ★☆☆	Money Supply (https://www.federalreserve.gov/releases/h6/current/default.htm)	월 1
체크 필요 ★☆☆	Crude Oil Inventories (https://www.eia.gov/petroleum/supply/weekly/)	주 1
체크 필요 ★☆☆	Existing Home Sales (https://www.ismworld.org/supply-management-news-and-reports/reports/ism-report-on-business/)	월 1

저자 작성

트레이딩 이코노믹스 (Trading Economics)를 활용한다

각각의 출처에 정기적으로 접속하는 것이 어려운 사람은 Trading Economics(트레이딩 이코노믹스) 웹사이트를 추천한다. Calendar(캘린더) 페이지에 경제 지표가 발표되는 일시가 일람표로 표시된다.

Countries(국가)에서 United States를 체크하고, Impact(영향)에서 중요도로 선별하게 되어 있다.

Trading Economics의 Economic Calendar에서는 발표 일시뿐 아니라 컨센서스 데이터도 볼 수 있고, 데이터의 링크를 클릭하면 과거 데이터도 볼 수 있으므로 매우 편리하다. 내 리스트에 있는 데이터를 찾아서 클릭해 보자. 각각 상세 내용이 보인다. 참고로 Trading Economics의 사이트에는 미국 각 기업의 결산보고 일시와 컨센서스도 게재되어 있다.

Trading Economics ⟩ 경제 지표 캘린더. 환율, 주가 지수, 국채 이율, 상품 가격의 과거 데이터와 예측 등을 포함한 196개국의 정보를 공식 데이터를 바탕으로 제공하는 정보 사이트.

그림2-14: Trading Economics의 Economic Calendar

출처: Trading Economics

시장 참가자의 감정

시장 참가자의 감정에 관련된 데이터도 소개해 두겠다. 시장 참가자가 강세를 예상하는지(주가가 오른다고 생각하는), 약세를 예상하는지(주가가 내린다고 생각하는)를 기준으로 하는 **감정의 지표는 대개 역추세 매매 지표로 주목**받는다. 즉 참가자가 강세를 예상하면 이미 매수한 다음일 가능성이 크므로 가까운 시일에 시세가 내려갈 가능성이 크다.

Economic Calendar 경제 지표나 금융 정책의 결정 등 시장을 움직이는 이벤트를 체크하기 위한 캘린더, 경제 캘린더.

반대의 경우도 그렇다.

시장 참가자의 감정 지표가 한눈에 간단히 보이는 무료 사이트가 CNN의 fear&Greed Index(공포 탐욕 지수/http://www.cnn.com/markets/fear-and-greed)다.

이 지수는 CNN가 고른 7개 시장의 공포와 탐욕을 나타내는 데이터를 독자적인 형식으로 하나의 숫자로 나타낸 것이다. 50이 중립. 55~75는 탐욕. 75~100은 강한 탐욕. 25~45는 공포. 0~25는 패닉이다. 이 수치는 역추세 매매 지수이므로 25 이하일 때는 공포가 상당히 높기 때문에 시세의 바닥에 가깝고, 75 이상일 때는 정점에 가깝게 된다. 이 사이트에 꼭 방문해 보자. 과거 1년 치의 숫자도 볼 수 있다. 상당한 확률로 바닥과 정점을 알아맞히는 것을 확인할 수 있다.

이런 경제 데이터가 주가에 미치는 영향을 예측하는 것은 익숙해질 때까지 쉽지 않을 것이다. 내가 매주 주말 X의 스페이스와 유튜브 라이브로 하고 있는 투자 미팅을 들으러 오기 바란다. 내 예상과 고찰을 해설하고 있다.

CNN ▷ 미국의 뉴스 전문 채널.

Fear&Greed Index(공포 탐욕 지수) ▷ 시장 심리를 나타내는 지표. 역추세 매매 지수로 투자자가 강세를 예상할 때는 주가는 하락 방향으로, 약세를 예상할 때는 상승 방향으로 움직이는 경향이 있다.

정보는 인맥에서 나오고, 인맥은 나눔에서 나온다

헤지펀드를 비롯해서 투자 전문가들의 세계가 눈앞에 조금 그려졌는 가? 영화나 소설처럼 서로 속여 쓰러뜨리는 업계가 아니다. 우리 일은 정보가 목숨이다. 그 정보는 인맥에 달려 있기 때문에 나는 매일 인맥 만들기를 소중히 한다.

인맥은 명함을 돌리거나 아첨하고 다녀도 쌓이지 않는다. 먼저 나부터 뭔가를 줘야 한다.

자신이 가진 유익한 정보를 상대에게 주고, 그 사람을 위해서 움직이고, 그것이 도움이 되면 상대도 감사하는 마음으로 보답한다.

10을 주고 1이 돌아와도 된다고 생각한다. 상당히 비효율적이라고 생각할 수도 있으나 그 1이 없으면 어디에도 가지 못하고, 아무것도 못하는 세계다. 자신이 무엇을 할 수 있는지 그 능력보다 유능한 사람을 몇 명 알고 있는지가 중요하다. 그래서 나부터 주지 않으면 시작되지 않는다.

이것은 나에게 한정된 이야기가 아니라 서로 그렇게 생각하고 있다. 거물이라고 불리는 사람, 성공한 사람일수록 후하게 베푼다.

기업도 마찬가지다. 나눔의 정신으로 정직하게 가치를 제공하는 사업이 성장하고, 투자도 모이고, 지속적으로 번영한다. 앞으로 투자처를 고를 때 그런 시점에서도 보기 바란다.

나는 이런 업계에서 시달려 왔지만, 공적이든 사적이든 늘 다른 사람에게 먼저 주려고 한다. SNS에 투자 정보를 올리는 것도 이렇게 책을 쓴 것도 타인에게 도움이 되고 싶기 때문이다.

여러분의 일과 삶도 분명 마찬가지일 것이다.

< COLUMN >

양적 완화와 양적 긴축이란?

금리를 의식하기 시작하면 Quantitative Easing(QE)라는 말도 눈에 들어올 것이다. '양적 완화'라는 뜻이다.

1980년대 초부터 미국의 금리는 계속 내려가서 2008년에 금리가 0%가 되어 "더 이상 내려갈 수가 없는데, 경제는 촉진시켜야 합니다"라는 관점에서 양적 완화 정책이 시작되었다. 리먼쇼크 시절이다.

양적 완화의 목적은 시장에 '돈이 남는' 상태를 만드는 것이다. 남아돌 정도로 돈이 있으면 기업가나 경영자가 은행에 돈을 쉽게 맡기므로 경제에 자극이 된다. 양적 완화의 구조는 먼저 재무성이 은행에 국채를 팔아서 돈을 얻는다. 그 돈으로 급부금을 지급하거나 공공사업을 한다. 한편 은행은 국채를 사들인 만큼 현금이 줄어든다. 그렇게 되면 '비즈니스를 시작하려고 돈을 빌리려는' 사람이 있어도 간단히 빌려줄 수가 없다. 그래서 FED가 은행에서 국채를 매입해 은행에 현금이 돌아가도록 한다. 결과적으로 FED가 달러를 발행할 수 있는 힘을 이용해 재무성에 돈을 빌려주는 것과 같다. 재무성과 FED는 직접 거래하지 않고 은행을 통해야 하므로 이런 구조가 된다. 이것이 양적 완화, 말하자면 '돈을 찍어내는(printing money)' 일이다.

양적 완화의 반대가 '양적 긴축(Quantitative Tightening(QT)'이다. 양적 긴축은 양적 완화의 반대로 FED가 가진 국채를 은행에 판매하는, 즉 가진 국채가 상환되어도 줄어든 만큼을 새로운 국채를 팔아 보전하지 않는 것을 가리킨다. 결과적으로 시장에 돌아다니는 자금이 줄어들어 경제 과열을 억제하는 효과가 있다. 양적 완화, 양적 긴축, 각각 주가가 어떻게 움직이는지 주목하길 바란다.

CHAPTER 3

매수해야 할 기업을
발견하는 방법
(기본적 분석)

1차 정보를 이용한다

//

▶ 자신의 1차 정보를 이용하면
▶ 성공할 확률이 높다

개별 주식에 투자한다면 기업 분석이 필수다. 하지만 분석하려고 해도 먼저 어느 주식을 분석해야 할지 헷갈릴 것이다. 그럴 때는 자신이 잘 알고 있는 상품을 만드는 회사부터 시작해 보자.

예를 들어 아이폰을 사용한다면 애플(Apple)의 기업을 분석해 본다. 자신이 가지고 있지 않아도 주변에 가진 사람이 많을 것이다. 그런 회사라면 이해하기 쉽다.

이렇게 자신이 **실제로 사용하는 상품의 회사나 주변에 정보를 얻기 쉬운 회사를 '1차 정보를 가지고 있다' '정밀도가 높다'**고 말할 수 있다.

"내가 상품을 구매했으니까" "이 상품이 정말 훌륭해서 친구에게 소개하고 싶어서"라는 이유에서 그 회사의 주식을 조사해 투자하는 것이 시작에는 최적이다.

그렇지만 이것만으로 잘 되는 것은 아니다. 그 감각을 알기 위해 **내가**

기업 분석 ▷ 기업의 재무 상황이나 업적 상황 등의 데이터를 토대로 기업의 경영 상황과 성장성을 분석하는 방법.

1차 정보로 매매한 주식의 스토리를 공유하겠다. '나라면 어떨까?'라고 상상해 보기 바란다.

▶ X(구 트위터)로
2번의 이익을 얻었다

나는 2020년 7월에 트위터(현 X)의 계정을 만들어 트위터를 시작했다. 코로나 사태로 시간이 생겼고, 다른 사람과의 직접적인 연결이 희박해졌기 때문이다. **나처럼 이 시기에 트위터를 시작한 사람이 많을 것 같아서 트위터의 주식을 매수했다. 계정 개설 후 사흘째였다.**

타이밍과 코로나 후의 급격한 금융 완화도 맞물려서 **반년 만에 주가가 배로** 뛰었다. 슬슬 코로나도 진정 국면으로 접어들면서 성장에 한계점이 왔다고 생각했더니, 주가가 내려가기 시작하기에 매도해서 이익을 확정했다.

그 후에도 트위터는 계속 이용했다. 매일 이용하니 그것과 관련된 정보의 감도가 높아졌다. 마침 러시아의 우크라이나 침공이 시작되었을 무렵 트위터는 SNS 중에서도 특별하다고 실감했다. 일반 뉴스보다 정보가 빨라서 이미 공공 인프라처럼 꼭 필요해졌다. 기업가 일론 머스크가 우크라이나에 인공위성 시스템 스타링크를 설치했을 때 우크라이나의 젤렌스키 대통령과 트위터의 다이렉트 메시지로 첫 연락을 했다는 말을 듣고 **한 번 더 주식을 매수했다. 다시 순조롭게 주가가 올랐으나** 머스크가 트위터를 매수한다, 안 한다는 소동으로 주가가 불안정해져서 **매도하고, 2번째 이익을 확정**했다 (그림 3-1).

그 후 머스크가 트위터의 주식을 매수하지 않는다는 소문이 돌아서 주가가 급락했다. 그래서 다시 한번 매수하려고 했는데, 일이 바빠서 허둥지둥하는 사이에 점점 오르기 시작해서 나는 아깝게도 3번째 수익은 놓치고 말았다.

그림 3-1: 내 트레이드/트위터

매수한 날 2020년 7월 21일 / 매도한 날 2021년 10월 6일
매수한 날 2020년 2월 28일 / 매도한 날 2022년 4월 20일

일론 머스크 미국의 기업가, 엔지니어. PayPal의 창업 멤버. 테슬라 등의 사업을 성공시켰다. 스페이스X, 테슬라의 CEO. X(구 트위터)의 오너, 집행 회장 겸 CTO.

아마존에서 10년 동안 12배의 이익을 얻었다

2012년에 아마존(Amazon) 프라임 회원이 된 이후 다른 사이트에서 발견한 상품이라도 그곳에서 사지 않고 **일단 아마존에서 팔고 있는지 확인하게 되었다. 그런 자신을 깨닫고 이 서비스는 발전한다고 확신해 아마존의 주식을 매수했다.** 10년 동안 가지고 있다가 12배가 된 지점에서 팔 수 있었다 (그림 3-2).

어째서 이 타이밍에 주식을 매도했을까? 그것도 1차 정보를 판단 재료로 했기 때문이다.

먼저 최근 아마존의 배달 트럭이 우체국 트럭보다 많다고 느꼈다. 이

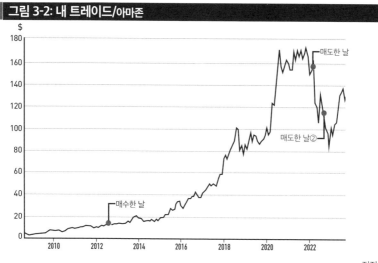

그림 3-2: 내 트레이드/아마존

저자 작성

매수한 날 2012년 11월 15일 / 매도한 날 2022년 2월 4일, 2022년 6월 2일

용자가 많아서 평탄하다는 느낌보다는 이미 포화상태이고 더이상 성장을 바라볼 수 없다는 생각이 들었다. 아마존의 광고를 자주 발견하게 된 것도 그 무렵이었다. 그때까지 프라임 데이 이외에 아마존 광고를 본 적이 없었는데, **광고를 하지 않으면 매출이 오르지 않는 상태가 된 것인가 하는 의구심이 들었다. 그래서 주식을 거의 매각했다.** 10% 정도 남겼던 주식도 몇 개월 후에 전부 처분했다.

트위터도 그랬지만, 내 생활 권내에 있다면 그때까지 없었던 현상이 나타났을 때 누구보다 빨리 변화를 알아차릴 수 있다. 그것이 주식 매매의 타이밍을 가늠하는 데에 매우 유리하게 작용한다.

▶ 디즈니는 8배 가까이 되었으나 팔 때를 놓쳤다

이것도 2010년대 초 무렵이다.

3살이 된 딸과 디즈니월드에 갔다. 나는 그때까지도 몇 번인가 디즈니월드에 간 적이 있었지만, 3살 딸의 눈으로 본 디즈니는 그야말로 마법의 세계였다. **두근거리고, 눈물이 나올 정도로 감동해서 유일무이한 브랜드력을 재확인하고, 디즈니의 주식을 구매했다.** 디즈니(Disney)의 주가는 13년 동안 8배 가까이 성장했다.

그런데 딸이 크면서 디즈니에 갈 기회가 없어졌다. 내가 1차 정보에 접할 수 있는 범위에서 벗어난 것이다. 그래서 주식을 팔았으면 좋았을 텐데 **딸과 체험한 꿈의 세계라는 센티멘털한 감정 때문에 선뜻 손을 뗄 결단을 내리지 못했다.** 정보 감도가 둔해진 채 어느새 디즈니의 주식은 내

그림 3-3: 내 트레이드/디즈니

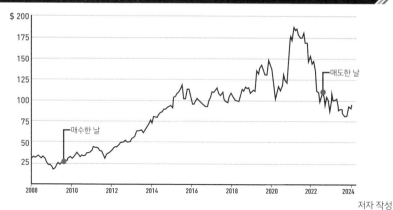

매수한 날

매도한 날

저자 작성

매수한 날 2009년 8월 17일 / 매도한 날 2022년 8월 19일

러갔고 팔 때를 놓치고 말았다. 결국 디즈니의 주식은 약 5배 증가 수준
에서 팔기로 했다 (그림 3-3).

유니티 소프트웨어는 2차 정보로 실패

1차 정보가 아니라 지인에게 "이 주식, 오른대"라는 말을 듣고 잘 모
르고 사서 실패한 예도 있다. 게임 엔진을 개발하는 유니티 소프트웨어
(Unity Software)라는 회사의 주식이다. 확실히 주가는 2배 이상까지 올
랐다. 그런데 잘 모르고 샀기 때문에 매도 시기도 알 수가 없었다. 지인
은 좋은 지점에서 매각해서 확실히 이익을 얻었다. 반면에 나는 손해를
내고 말았다 (그림 3-4). 1차 정보가 아니라서 나쁘다는 말이 아니다. 1

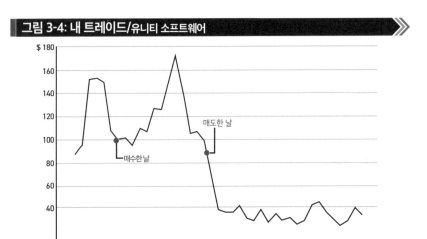

그림 3-4: 내 트레이드/유니티 소프트웨어

저자 작성

매수한 날 2021년 2월 23일 / 매도한 날 2022년 3월 9일

차 정보가 아니라면 한층 더 확실히 기업 분석을 한 뒤에 투자해야 한다는 말이다. 그 분석 방법은 이번 장 134쪽 이후에 설명하겠다.

유니티 ▶ 유니티 소프트웨어사. 게임, 건축, 영화 제작 등의 분야에서 사용되는 3D콘텐츠를 개발하고 운영하기 위한 플랫폼을 제공하는 기업.

워치리스트를 만든다

//

 **좋은 아이디어 소스가 있으면 2차 정보로도
좋은 주식을 찾을 수 있다**

자신의 1차 정보를 이용해 투자할 주식의 후보를 좁히는 것이 성공 가능성이 크다. 이것이 대전제가 되는 방법이지만, 미국에서 살고 있는 나조차도 1차 정보로 주식을 살 수 있는 기회는 그렇게 빈번하지 않다. 하물며 미국이 아닌 곳에 살고 있다면 미국 회사의 상품을 자신이 사용할 기회도 별로 없을 것이다.

그러면 어떻게 해야 할까? 크게 3가지 아이디어 소스를 소개한다.

방법1 **뉴스나 기사에서 보고 흥미가 생긴 주식**

투자를 시작하면 여러 뉴스에 전보다 훨씬 민감해진다. **월스트리트 저널 등의 투자 신문 기사를 읽거나 텔레비전, 유튜브에 나오는 유명 투자자와 대기업 CEO의 이야기를 듣고 '이 주식은 흥미롭네'라고 관심이 가는 경우**가 많을 것이다. 나도 그런 정보에 안테나를 세우고 항상 흥미로운 투자처의 아이디어를 찾고 있다.

추천하는 정보 소스는 288쪽 이후에 정리했으니 평상시 정보를 확인

SEC Securities and Exchange Commission. 증권거래위원회. 투자자 보호와 공정한 시장 정비를 위해 주가나 채권 등의 증권거래의 법규를 관리한다.

하는 습관을 들이자.

방법2 주식 업계의 거물이 사들이는 주식

미국 주식 투자의 귀재들이 어떤 주식에 투자하고 있는지 참고하는 것도 흥미로운 방법이다.

미국의 기관투자자 중 관리하는 자산액이 1억 달러를 넘는 회사는 전부 SEC(=Securities and Exchange Commission=증권거래위원회)에 '13F 보고서'라는 서류를 분기마다 제출해야 한다. 13F 보고서에는 각 기간의 최종일에 보유한 종목과 주수(株數)를 기재하므로 그 분기에 무엇을 매매했는지 파악할 수 있다. 매매하지 않은 주식에 대해서도 주수나 보유 기간 등을 볼 수 있다.

'그런 상세한 내용을 공개해도 괜찮은가?'라고 생각할 수 있으나 공개한 시점에서 이미 과거의 정보가 되므로 영향은 없다. 가령 8월 15일에 제출한 서류는 6월 30일자 포트폴리오의 종목 구성이다. 그 45일 동안에 포트폴리오의 구성이 완전히 바뀌는 펀드도 적지 않다.

13F 보고서의 정보는 비교적 보기 까다롭지만, 다양한 정보 사이트가 각 펀드의 데이터를 보기 쉽게 정리해서 공개하고 있다. **무료로 볼 수 있는 사이트 중에서 내 마음에 가장 든 곳은 웨일 위즈덤(Whale Wisdom)**

13F 보고서(form 13F) ▷ 관리하는 자산이 1억 달러 이상인 미국 투자회사가 분기마다 SEC(미국 증권거래위원회)에 의무로 제출해야 하는 정기 보고서. 소유하는 주식 종목·수량 등이 기재된다.

그림 3-5: Whale Wisdom의 대시보드 화면

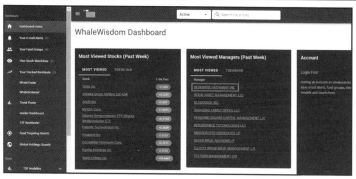

URL은 이쪽(https://whalewisdom.com/dashboard2)

이다. 주식 용어로 Whale(고래)는 큰 금액을 움직이는 투자자를 말한다. Wisdom은 지혜. 즉 Whale Wisdom은 주식계 거물의 지혜라는 의미다.

먼저 사이트에 가서 '플랫폼에 접속한다' 버튼을 클릭하면 이런 화면을 볼 수 있다.

이 **Most Viewed Managers(past week)라고 쓰여 있는 리스트가 지금 미국에서 가장 주목받는 펀드매니저들**이다.

물론 1위는 투자의 귀재라고 불리는 워런 버핏의 버크셔 해서웨이(Berkshire Hathaway)다. 그 링크를 클릭하면 워런 버핏이 최근 어떤 거래를 했는지, 45일 전까지 어떤 주식을 가지고 있었는지 알 수 있다.

그림 3-6은 2023년 9월 30일 시점에서 워런 버핏이 보유한 상위 20 주식이다.

버크셔 해서웨이 투자의 귀재 워런 버핏이 이끄는 상장 지주회사.

그림 3-6: Berkshire Hathaway(워런 버핏)의 포트폴리오

Stock	History	Sector	Shares Held or Principal Amt	Market Value	% of Portfolio ↓	Previous % of Portfolio	Rank	Change in Shares
AAPL	History	INFORMATION TECHNOLOGY	915,560,382	156,753,093,002	49.35%	51.00%	1	No Change
BAC	History	FINANCE	1,032,852,006	28,279,487,924	8.90%	8.51%	2	No Change
AXP	History	FINANCE	151,610,700	22,618,800,333	7.12%	7.59%	3	No Change
KO	History	CONSUMER STAPLES	400,000,000	22,392,000,000	7.05%	6.92%	4	No Change
OXY	History	ENERGY	327,574,652	19,559,482,470.92	6.16%	4.64%	5	🏠 103,445,460
CVX	History	ENERGY	110,248,289	18,950,066,491	5.85%	5.56%	6	🔻 -12,871,831
KHC	History	CONSUMER STAPLES	325,634,818	10,954,355,278	3.45%	3.32%	7	No Change
MCO	History	FINANCE	24,669,778	7,799,843,711	2.46%	2.46%	8	No Change
DVA	History	HEALTH CARE	36,095,570	3,412,114,232	1.07%	1.04%	9	No Change
VRSN	History	COMMUNICATIONS	12,815,613	2,595,546,101	0.82%	0.83%	10	No Change
C	History	FINANCE	55,244,797	2,272,218,501	0.72%	0.73%	11	No Change
KR	History	CONSUMER STAPLES	50,000,000	2,237,500,000	0.70%	0.67%	12	No Change
V	History	FINANCE	8,297,460	1,908,498,775	0.60%	0.57%	13	No Change
CHTR	History	COMMUNICATIONS	3,828,941	1,684,044,831	0.53%	0.40%	14	No Change
MA	History	FINANCE	3,986,648	1,578,353,810	0.50%	0.45%	15	No Change
HPQ	History	INFORMATION TECHNOLOGY	51,503,537	1,511,113,775.58	0.48%	0.84%	16	🔻 -51,015,498
LSXMK	History	COMMUNICATIONS	46,468,678	1,421,476,860.02	0.45%		17	No Change
AON	History	FINANCE	4,100,000	1,329,302,000	0.42%	0.43%	18	🔻 -235,000
AMZN	History	CONSUMER DISCRETIONARY	10,000,000	1,271,200,000	0.40%	0.40%	19	🔻 -551,000
COF	History	FINANCE	12,471,030	1,210,313,462	0.38%	0.39%	20	

출처: Whale Wisdom

버핏의 포트폴리오의 50% 이상이 애플(APPL) 주식임을 알 수 있다. 두 번째로 많은 것은 뱅크 오브 아메리카(Bank Of America[BAC])다. 이를 보고 "뱅크 오브 아메리카는 어떤 회사일까?" "마침 금융 섹터의 주식이 궁금했는데"라는 식으로 힌트를 얻어 조사할 계기가 생긴다.

항상 인기 펀드매니저 리스트의 상위에 있는 사이언 에셋 매니지먼트(Scion Asset Management)의 마이클 버리의 보유 주식도 살펴보자. 마이클 버리는 리먼쇼크 때 서브프라임의 CDS(부도 리스크를 매매하는 금

뱅크 오브 아메리카 ▶ 미국에 본사를 둔 세계 최대 은행 중 하나. 전 세계 35개국에 사업을 전개하고, 사업 법인, 정부 기관투자자를 대상으로 서비스를 제공하고 있다.

융 파생상품)를 대량으로 매매해서 큰 수익을 낸 것으로 유명해졌다. 그림 3-7에서 그의 보유 주식을 보면 상위 20의 포지션 대부분이 거의 3개월 사이에 교체되어 있다. 역시나 상당히 대담하게 거래하고 있음을 알 수 있다.

이렇게 미국 주식계의 고래들이 투자하는 주식의 리스트를 살펴보거나 최근에 어떤 매매를 하고 있는지 보면서 궁금한 주식을 찾는 것도 흥미로운 방법이다.

그림 3-7: Scion Asset Management(마이클 버리)의 포트폴리오

Stock	History	Sector	Shares Held or Principal Amt	Market Value	% of Portfolio ↓	Previous % of Portfolio	Rank	Change in Shares	% Change
SOXX PUT	History	FINANCE	100,000	47,365,000	47.86%		1	⬆100,000	New
BKNG PUT	History	CONSUMER DISCRETIONARY	2,500	7,709,875	7.79%		2	⬆2,500	New
STLA	History	CONSUMER DISCRETIONARY	400,000	7,652,000	7.73%	0.33%	3	⬆75,000	23.08%
NXST	History	COMMUNICATIONS	48,651	6,975,094	7.05%	0.14%	4	⬆33,651	224.34%
SBLK	History	TRANSPORTS	250,000	4,820,000	4.87%	0.19%	5	⬆65,260	35.33%
BKNG	History	CONSUMER DISCRETIONARY	1,500	4,625,925	4.67%		6	⬆1,500	New
BABA	History	COMMUNICATIONS	50,000	4,337,000	4.38%		7	⬆50,000	New
EURN	History	TRANSPORTS	250,000	4,107,500	4.15%	0.05%	8	⬆197,100	372.59%
JD	History	CONSUMER DISCRETIONARY	125,000	3,641,250	3.68%		9	⬆125,000	New
HPP	History	REAL ESTATE	400,000	2,660,000	2.69%	0.06%	10	⬆150,000	60.00%
CRGY	History	ENERGY	200,000	2,528,000	2.55%	0.15%	11	⬇-43,963	-18.02%
REAL	History	CONSUMER DISCRETIONARY	750,000	1,582,500	1.60%	0.19%	12	⬇-750,000	-50.00%
SB	History	TRANSPORTS	300,000	972,000	0.98%	0.02%	13	⬆172,475	135.25%
IHRT	History	COMMUNICATIONS	0	0		0.13%	Sold All	⬇-600,000	-100.00%
EWJV	History	FINANCE	0	0		0.02%	Sold All	⬇-13,600	-100.00%
FLJP	History	FINANCE	0	0		0.05%	Sold All	⬇-30,000	-100.00%
NEX	History	ENERGY	0	0		0.21%	Sold All	⬇-400,000	-100.00%
LILAK	History	COMMUNICATIONS	0	0		0.22%	Sold All	⬇-450,000	-100.00%
VTLE	History	ENERGY	0	0		0.33%	Sold All	⬇-125,000	-100.00%
CMRE	History	ENERGY	0	0		0.07%	Sold All	⬇-125,000	-100.00%

출처: Whale Wisdom

펀드매니저 〉 자금 운용 기관에서 자금(펀드)의 운용을 담당하는 팀의 책임자. 애널리스트들의 분석을 토대로 주식 매매의 최종 판단을 하는 사람.

방법3 스크리닝으로 조건에 들어맞는 주식

스크리닝이란 한마디로 범위 축소 검색이다. 인터넷 증권이나 투자 정보 사이트에서 자신이 중시하는 조건을 넣으면 그 조건에 맞는 투자 대상의 후보가 추출된다. 주식의 경우 스크리닝에는 크게 2종류가 있다. **기술적 분석(주가 움직임)으로 선별하는 것과 기본적 분석(기업 업적)으로 선별하는 것**이며, 이 책에서는 기본적 분석의 스크리닝에 대해 소개하겠다.

스크리닝 기능을 사용하는 방법 자체는 간단하지만, **어려운 것은 선별 기준**이다. 정답이 없기 때문이다. 투자자가 각자 시행착오를 거치면서 자신의 답을 찾아야 한다.

그래서 먼저 **워런 버핏이 꼽는 투자 대상이 되어야 할 기업 업적의 기준**을 살펴보겠다.

1. Operating Margin(영업 이익률) 〉 섹터 중앙값

2. Profit Margin(매출 총이익률) 〉 섹터 중앙값

3. 채무/전 자산 〈 섹터 중앙값

4. EPS 성장률 섹터 상위 25%

5. 과거 3년간 EPS 성장률 〉 과거 5년간 평균

6. 과거 6년간 한 번도 손실을 내지 않음

7. 최근 ROE(자기자본 이익률) 〉 12%

8. 과거 5년간 평균 ROE(자기자본 이익률) 〉 12%

9. 장기 전망 성장률 〉 15%

사이언 에셋 매니지먼트 ▷ 투자자 마이클 버리가 이끄는 헤지펀드.

중앙값이란 데이터를 작은 순으로 나열했을 때 정중앙에 오는 값을 말한다. '>섹터 중앙값'이란 같은 섹터(섹터의 설명은 90쪽 참조) 중에서 중앙값보다 큰 숫자라면 기준을 만족한다는 의미가 된다. 또한 섹터 상위 25%는 같은 섹터 중 상위 25%에 들어간다는 조건이다.

애당초 영업 이익률, 매출 총이익률, EPS성장률, 자기자본 이익률이라는 말 자체를 모르는 사람도 많을 텐데(144쪽 이후에 설명한다) '대강 이런 식의 기준이 있구나'라는 것을 알았다면 괜찮다.

워런 버핏의 기준은 이것이 끝이 아니다. 더 깊게 알고 싶다면 조사해 보기 바란다. 버핏만이 아니라 **투자의 귀재인 윌리엄 오닐 등 유명 투자자의 스크리닝 기준도 공개되어 있다.**

참고로 워런 버핏의 경우 가장 큰 투자처인 애플이나 두 번째로 큰 뱅크 오브 아메리카의 수치를 검증해 보면 전부 기준에 미치지 못하는 경우도 있다. 결국 모든 조건을 통과하지 않아도 투자 후보가 될 수 있다는 뜻이다. 이런 스크리닝에 대한 자세 자체도 참고할 수 있다.

윌리엄 오닐(William O'Neil) > 비즈니스 신문 인베스터스 비즈니스 데일리(Investor's Business Daily)의 창설자. 초성장 주식을 CAN-SLIM이라고 이름 붙였고, 현재도 재현성 있는 수법으로 지시되고 있다. 2023년 5월 작고.

▶ 스크리닝 방법

무료로 사용할 만한 스크리닝 툴은 많이 있다. 그중에서 내가 가장 편리하게 쓰는 것은 코이핀(Koyfin)이라는 투자 정보를 제공하는 회사의 웹사이트다. **스크리닝은 어디까지나 투자처 후보를 좁히기 위한 행위다. 나중에 언급하겠지만, 투자처를 정하려면 더 깊은 기업 분석이 필요하다.** 스크리닝으로 후보를 좁혀 기업 분석을 하는 흐름이 코이핀의 웹사이트를 이용하면 극적으로 편리해진다(참고로 Koyfin에는 돈을 내고 이용 가능한 메뉴도 있는데, 무료로 이용할 수 있는 기능만으로도 충분하다).

물론 스크리닝, 기업 분석에 대해 전부 코이핀을 이용하지 않아도 가능하며, 애초에 투자 툴은 나날이 진화하고 있으니 자신에게 맞는 것을 찾기 바란다.

여기에서는 어디까지나 일례로 코이핀을 이용해서 워런 버핏의 시점으로 스크리닝을 해 보자.

스크리닝 메뉴는 코이핀의 화면 왼쪽 메뉴의 위에서 5번째에 있다. 이곳을 클릭해서 새로운 스크리닝을 만드는 옵션을 고르면 다음 화면 메뉴가 나온다.

스크리닝(Screening) ▶ 주식 종목을 선택할 때 규모, 업적, 투자 지표 등의 조건을 설정해 그것에 맞는 종목을 찾는 일. 선별하기.

그림 3-8: 코이핀(Koyfin)의 스크리닝 기능

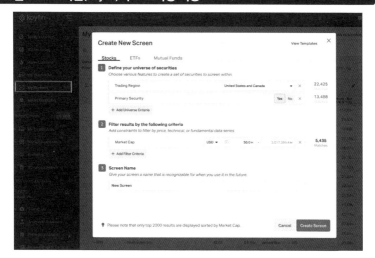

출처: Koyfin

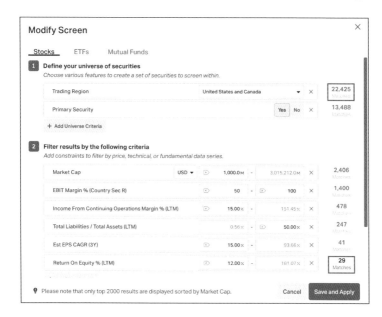

코이핀(Koyfin) 〉 시장 뉴스, 주가 차트, 재무 분석, 애널리스트 예상까지 투자에 필요한 다양한 정보를 간단히 볼 수 있는 정보·툴 사이트.

워런 버핏의 기준에 가능한 한 가까울 수 있도록 코이핀에서 선택할 수 있는 정보로 스크리닝한 결과가 그림 3-8이다.

이 중에서 **Market Cap(시가총액)**은 내가 설정한 기준이다. 너무 작은 회사는 정보도 적고, 애널리스트들이 공개하는 업적 예상도 존재하지 않으므로(혹은 신뢰할 수 없을 가능성이 크다) 최저치를 1billion(10억) 달러로 설정했다.

그림 3-9: 워런 버핏의 기준을 모방한 스크리닝 결과

Ticker	Name	Market Cap	Trading Region	EBIT Margin % (Country Sec R)	Operations Margin % (LTM)	Liabilities / Total Assets (LTM)	Est EPS CAGR (3Y)	Return On Equity % (LTM)
• GOOGL	Alphabet Inc.	$1,758.50B	United Stat...	95	22.46%	31.1%	19.65%	25.33%
• NVDA	NVIDIA Corporation	$1,202.26B	United Stat...	99	42.10%	38.6%	93.02%	69.17%
• META	Meta Platforms, Inc.	$898.32B	United Stat...	98	23.42%	33.9%	31.90%	22.28%
• ISRG	Intuitive Surgical, Inc.	$116.35B	United Stat...	92	22.53%	14.2%	16.93%	12.78%
• SNPS	Synopsys, Inc.	$84.86B	United Stat...	90	20.85%	40.2%	19.11%	20.75%
• CDNS	Cadence Design Systems, Inc.	$74.47B	United Stat...	94	24.42%	42.7%	16.44%	32.90%
• ANET	Arista Networks, Inc.	$73.06B	United Stat...	96	33.97%	28.3%	21.14%	34.91%
• TRI	Thomson Reuters Corporation	$64.54B	United Stat...	95	33.25%	42.2%	27.97%	18.53%
• MNST	Monster Beverage Corporation	$57.16B	United Stat...	96	22.62%	15.5%	23.13%	21.32%
• MLM	Martin Marietta Materials, Inc.	$30.49B	United Stat...	87	17.70%	47.7%	23.95%	14.93%
• DECK	Deckers Outdoor Corporation	$18.14B	United Stat...	88	15.69%	37.0%	17.95%	37.00%
• EQT	EQT Corporation	$15.88B	United Stat...	92	47.70%	42.1%	29.58%	24.69%
• BAM	Brookfield Asset Management Ltd.	$15.32B	United Stat...	76	54.80%	19.1%	24.94%	19.05%
• ELF	e.l.f. Beauty, Inc.	$7.99B	United Stat...	95	15.88%	30.9%	32.02%	27.85%
• GNTX	Gentex Corporation	$7.50B	United Stat...	90	18.04%	11.3%	22.59%	18.48%

출처: Koyfin

* 스크리닝 설정 기준
①'Treding Region' ···United states and Canada, 'Primary Security' ···Yes, ②'Market Cap' ···USD·1000.0M, 'EBIT Margin% (Cuntry Sec R)' ···50-100, 'Income From Continuing Operations Margin %[LTM]' ···15%, 'Total Liabillities/Total Assets[LTM]' ···~50%, 'Est EPS CAGR[3Y]' ···15%~, 'Return On Equity %[LTM]' ···12%~

> **시가총액** 주식 시장에서 상장 회사 주식의 총평가 가치. 발행주식수×주가=시가총액.

이렇게 스크리닝한 결과 그림 3-8의 좌우 숫자로 알 수 있듯이 22,425 개사 있었던 종목 중에서 29개사까지 좁혀졌다. 그 결과 종목들의 상위 15%가 그림 3-9에 나와 있다.

선별한 목록 중에서는 그 회사의 상품을 알고 있을 수도 있고, **혹 모른 다면 조금 조사해 보고 흥미롭다고 느끼는 부분부터 기업 분석을 시작해 본다.** 이런 흐름이 된다.

그런데 이 스크리닝은 '3. 채무/전 자산 ⟨ 섹터 중앙값'이라는 기준을 토대로 총채무가 총자산의 최대 50%로 설정되어 있으므로 금융 회사나 공업 관련 기업은 거의 제외된다. 이런 주식도 결과에 나오기 바라는 경우는 그 조건을 바꿀 필요가 있다.

스크리닝은 어디까지나 '워치리스트에 넣고 싶은 주식의 아이디어'를 받는다는 마음으로 이용하면 좋다.

참고로 코이핀의 스크리닝과 워치리스트는 각각 2개까지 무료 플랜으로 저장할 수 있다. 워치리스트 하나는 이런 스크리닝의 결과를, 다른 하나에는 1차 정보나 뉴스, 웨일 워즈덤(Whale Wisdom)에서 흥미가 생긴 기업을 리스트로 만들어 두는 식으로 사용할 수도 있다.

▶ 워치리스트를 활용한다

1차 정보든, 이런 2차 정보든 흥미롭다고 느낀다면 나는 일단 워치리스트에 저장해서 업적과 주식 시세 변동을 모니터한다.

구체적으로 코이핀의 각 기업 페이지에 들어가서 기본 지표 키데이터를 보고, 다음으로 주가 차트(자세한 것은 CHAPTER 4)를 본다. 그리고 좀더 시간을 들여 리서치할 가치가 있다고 생각되면 심층 분석을 한다. 그 **심층 분석 방법이 앞으로 설명할 내용이며, 손해를 보지 않는 주식 투자의 핵심**이라고 할 수 있는 부분이다.

혹시나 1차 정보나 2차 정보에서 흥미롭다고 느낀 시점에서 투자를 시작하는 것이라고 생각하지 않았는가?

이 **워치리스트는 어디까지다 예선**이다. 여기부터 본선으로 진출해서 최종적으로 남은 것에만 투자한다. **내 경우로 말하자면 항상 200개사 정도 들어가 있는 워치리스트 개별 주식 종목 중에서 실제로 투자하는 것은 해마다 5~10종목 정도**다. 그 정도로 치밀하게 분석을 거듭하지 않으면 주식으로 성공할 수 없다.

운 좋게 수익이 난다고 해도 재현성은 없다.

정확히 말하자면 **분석한다고 해서 무조건 성공하는 것은 아니지만**, 이렇게 해두면 손해 볼 확률을 대폭 줄일 수 있다.

다음 페이지에서 내가 투자하기 전에 어떤 정보를 확인하는지 알려주겠다.

처음에는 조금 어렵게 느껴질 수도 있지만, 문자만으로 전하기 어려운 부분은 X의 스페이스나 유튜브에 정보를 올리고, 앞으로 기획하는 세미나 등에서 보충할 생각이다. 즐기면서 함께 공부해서 세계 수준의 투자력을 자신의 것으로 만들기 바란다.

★ 주목해야 할 주식·기업을 찾는 법 ★

- 2차 정보가 되는 아이디어 소스는 크게 3가지로 나눌 수 있다.
  ①뉴스나 기사를 읽고 흥미가 생긴 주식
  ②주식 업계의 거물이 매수하는 주식
  ③스크리닝으로 조건에 들어맞는 주식
- ①~③의 모든 경우도 단지 보기만 하거나 따라 하기만 할 것이 아니라 관심이 있다, 흥미가 있다고 생각하는 것을 심층 분석할 필요가 있다.
- 알고 싶은 주식은 워치리스트에 넣고 앞으로 동향을 살펴본다.
- 철저히 분석한 다음 주식을 매수해서 손해 보지 않는 투자를 목표로 한다.

기본적 분석의 추천

///

▶ **하고 있는 사람이 매우 소수이므로
상당한 차이가 난다**

———————————————————————————————→

궁금한 종목을 발견했다면 먼저 코이핀(Koyfin) 등의 툴을 이용해 그 주식의 주요 데이터를 조사하고, 나아가 시간을 들여 가치가 있는지 확인한다. **이 사전에서 조사에 합격되면 기본적 분석**에 들어간다. 기본적 분석의 흐름은 다음과 같다.

① 이미 발표된 과거의 업적 트렌드나 재무 상태를 파악한다
② 엑셀 등으로 업적 모델을 만들어 다음 분기나 다음 해의 업적 예상을 만든다
③ 엑셀 등으로 장기 성장률과 금리를 토대로 예상 현재 가치를 계산한다

즉 점점 선별해 가는 것이다. 궁금한 주식의 주요 데이터를 사전 조사해 보고, 좋다고 생각되면 ①에서 과거 데이터를 살펴본다. 괜찮으면 ②와 ③으로 진행한다. 부족하다는 느낌이 들면 다시 1차 정보, 2차 정보에 안테나를 세워 다른 주식을 찾는다.

이 ① ② ③의 리서치가 기업 분석, 기본적 분석이다. 거시 분석의 반대 개념으로 미시 분석이라고 부르기도 한다. 말은 달라도 의미는 같다.

이 책에서는 사전 조사와 기본적 분석의 ①에서 ③까지의 방식을 설명하겠지만, 개인투자자는 ①조차 하지 않는 사람이 대부분이다. **①을 하기만 해도 상당한 차이**가 날 것이다.

"나는 거시 분석이나 기술적 분석만 해도 됩니다"라는 확고한 방침을 지니고 기업 분석을 하지 않는 것은 상관없지만, 단순히 몰라서, 귀찮아서, 어려워 보여서라는 이유로 분석을 하지 않는 것은 안타까운 일이다. 그렇다면 개별주(個別株)보다 ETF에 투자하기를 권한다.

기본적 분석을 하면 이익을 낼 만한 주식을 찾기 쉬울 뿐 아니라 시세 변동을 보면서 쓸데없이 일희일비할 필요가 없다. CHAPTER 5에서 자세히 설명하겠지만, 이것은 손해를 보지 않는 투자를 위해 매우 중요하다.

▶ 신입 시절, 이 방법으로 기업 분석을 마스터하다

→

서두에서도 언급했지만, 내가 처음 회사에 들어가 배속된 곳은 스페인은행 융자심사부였다. 막상 실제로 분석을 해 보니 그때까지 대학에서 공부했던 지식은 탁상공론처럼 느껴졌다.

기본적 분석(Fundamental Analysis) ▶ 회사의 경영 상황(재무 내용, 기업 업적, 주가 지표) 등을 분석해서 투자를 판단하는 일.

당시 다른 은행의 분석을 하고 있었는데, 상사가 "가장 업적이 좋은 은행은 어디인가요?"라고 물어왔다. 이후 그 은행의 데이터와 비교해서 분석하게 되었더니 단순한 숫자가 생생한 정보로 다가왔다. 이렇게 되면 경험을 쌓는 일만 남는다.

그때의 나와 마찬가지로 **앞으로 기업 분석을 배우려고 하는 사람은 하나의 기준치를 가지기를 추천**한다. 그런 의미에서 이 책에서는 애플의 데이터를 보면서 재무 정보 보는 법을 설명하겠다.

애플은 2024년 2월 현재 전 세계에서 두 번째로 가치가 있는(시가 총액이 크다) 기업으로 어떤 지표를 봐도 매우 우등생이다. 다른 기업 데이터를 볼 때 애플과 비교하면 좋은 기준이 된다. 다만 애플보다 뒤떨어지면 안 된다는 것이 아니라 '왜 다른가?' '이런 이유라면 오히려 유리할지도 모른다'라는 식으로 가설을 세우길 바란다. 그것이야말로 분석이며, 주식의 재미다.

▶ 일부러 영어 툴을 사용한다

━━━━━━━━━━━━━━━━━━━━━━━━━━━━→

이제부터 구체적으로 어떤 수치를 봐야 할까? 스크리닝에서도 이용한 코이핀으로 설명하겠다. 그 외의 정보 사이트나 툴, 각 기업이 공개하는 IR 정보를 이용해도 상관없다.

시세 변동 ▷ 시세가 움직이는 일.

다만 여기에서는 **노력해서 영어 정보에 접하는 것을 추천한다. 정보량이 압도적으로 많고, 공개 속도도 빠르기 때문**이다.

영어 실력이 부족하다고 느껴도 자주 나오는 단어는 한정되어 있다. 그 단어와 숫자를 픽업할 수 있으면 되므로 영어라기보다 신호에 가까운 느낌으로 바로 익숙해진다. 투자 용어는 우리말로 해도 어려우므로 오히려 영어가 기억하기 쉽다는 의견도 있다. 무엇보다 이런 용어를 알고 있으면 장문의 투자 리포트나 음성·동영상도 자연히 이해할 수 있으므로 일석이조다. 그러면 지표 설명에 들어가겠다.

이 책에 실린 이미지는 문자 크기가 작기에 컴퓨터로 동시에 툴에 접속해서 따라가 보면 알기 쉬울 것이다.

기준치 선정의 기준이 되는 값.

사전 기본적 분석의 방식

그림 3-10: 애플의 Overview

출처: Koyfin

먼저 코이핀에서 애플의 Overview(개관) 페이지를 보자. 그림 3-10의 오른쪽 위의 **Key Data**부터 설명하겠다.

▶ Key Data(주요 데이터)

Dividend Yield(배당률)은 높다고 좋은 것이 아니다. 미국 주식의 경우 애플 같은 성장주는 0~1% 이하라는 것이 일반적이다. 고배당주를 노

> **Dividend Yield** ▶ 배당 이익률. 주가에 대한 배당금의 비율을 나타나는 주식 밸류에이션 지표의 일종. 주당 연간 배당금을 현재 주가로 나눈 것.

리는 투자법이라도 3% 전후라면 우량주가 된다. 반대로 5%를 넘으면 어떤 문제가 있다고 의문을 품는 것이 현명하다.

Beta(베타)를 보면 S&P500과 비교해서 이 주식의 예상 변동률이 큰 지 작은지 알 수 있다.

즉 주가가 얼마나 심하게 변동하는지 예상할 수 있다. 1이라면 S&P500과 같다. 1보다 클수록 예상 변동률이 높고, 1 이하라면 낮은 것이다. 예를 들어 Beta=1.3이라면 S&P500이 1% 상승했을 때 이 주식은 1.3% 상승. S&P500이 10% 하락했을 때, 이 주식은 13% 내려가는 경향이 있다.

참고로 애플이 1.3이었던 시점에서 테슬라는 2.25. 코카콜라는 0.6. 테슬라처럼 Beta가 높은 주식은 데이트레이드에 선호되지만, 리스크도 크다. 오히려 코카콜라처럼 Beta가 낮으면 별로 고성장이 전망되지 않는 주식인 경우가 많다. <mark>나는 1~1.3 정도가 장기 투자에 알맞다고 본다.</mark>

Volatility(예상 변동률)는 지표와 관계없이 그 주식이 1년 평균에서 몇 % 움직이는지 계산한 것이다.

수치가 크다면 그만큼 예상 변동률이 높다=시세 변동이 심한 것이다. 'Beta와 비교해 어느 쪽이 좋은지?' 생각할 수도 있는데, 세부적으로 분석할 때 구별해서 사용하므로 Koyfin에서도 병기하고 있다.

참고로 코이핀이 매우 편리하다고 생각되는 점 중 하나는 **Competitors(경합타사)**의 티커 심볼까지 올려준다는 점이다.

각각 클릭하면 각 기업의 페이지로 넘어가므로 순식간에 비교할 수 있다. 코이핀을 사용하지 않는 경우라도 반드시 데이터를 비교하면서 검토하는 버릇을 들이도록 하자.

▶ Valuation(기업 가치 평가 데이터)

다음에 볼 것은 **Valuation**(밸류에이션=주가 평가) 데이터다. **P/E**는 주가를 주당 순이익으로 나눈 비율(주가 수익률)이다. 이것이 기업 가치를 보는 중요한 지표가 된다. 참고로 LTM(last twelve month)는 과거 12개월의 결과, **NTM(next twelve month)**는 다음 12개월의 예상이다. 중요한 것은 NTM 쪽이다. NTM의 P/E는 월가의 애널리스트들의 예상 평균(컨센서스 예상)을 토대로 계산되어 있다.

게다가 P/E의 숫자 위에 마우스 포인터를 두면 과거부터의 추이가 그래프로 나타난다. 지금 과거와 비교해서 고가인지 저가인지 비교할 수 있다. 숫자가 작으면 저가, 크면 고가다.

Beta ▷ 베타. 시세 변동이 시장과 어느 정도 연동되어 있는지 그 정도를 나타내는 값. 1이라면 시장과 완전 똑같이 움직인다. 1보다 크면 예상 변동률이 더 높고, 1보다 작으면 예상 변동률이 더 낮다.

그림 3-11: 애플의 Price/Earnings-P/E(NTM)의 과거 추이 그래프

출처: Koyfin

이익이 나지 않는 스타트업 등의 기업은 P/E를 계산할 수 없다. 그런 경우 대신 사용하는 것이 **EV/Sales(EV/매출 배율)**과 **EV/EBITDA 배율**이다.

EV(Enterprise Value)란 주식과 채권 시장 가치를 더한 것이다. 다시 말해 그 기업을 매수하기 위해 필요한 자금이다. 그것을 기업 매출로 나눈 배율이 EV/Sales이다.

EV를 EBITDA(Earnings Before Interest, Tax, Depreciation, Amortization)로 나눈 배율이 EV/EBITDA 배율이다. EBITDA란 기업 활동만으로(금리나 세금, 감가상각 등 비현금 항목을 차감하기 전) 이익

Valuation ▶ 밸류에이션. 주가가 고가인지 저가인지 판단하는 지표. 수치가 낮을수록 저가인 PER, PBR, 높을수록 고가인 배당이익률, 프리 캐시플로 이익률 등이 있다.

이 나는지 보기 위한 수치다. 막 창업해서 아직 이익이 나지 않는 회사는 일단 이 EBITDA가 플러스가 되는 것을 목표로 한다.

Price/Book(P/BV)은 PBR(주가 순자산 비율)이다. 주가를 BPS(Book Value Per Share=주당 순자산)로 나눈 숫자로 한 주당 자산에 대해 주가가 몇 배인지 나타낸다. 일반적으로 배율이 높으면 높을수록 그 회사에 브랜드 가치가 있다는 것이다.

이 P/BV는 후술하는 **ROE(Return on Equity=자기 자본 이익률)**과 깊은 관련이 있어 ROE가 높은 회사는 P/BV도 높아진다. 주로 가치주 투자(180쪽)에서 중요한 지수다. 워런 버핏의 스크리닝 기준에서도 ROE가 등장했다.

▶ **Capital Structure(자본 구성 데이터)**

---→

이 데이터에서는 밸런스 시트(대차대조표)의 건전성을 체크한다.

Total Debt는 총부채, 즉 차입금의 총액이다.

Cass & Inv.(Investment)는 현금과 단기 유가증권을 말하며 바로 끌어올 수 있는 유동성 높은 자산(단기 유동자산)이다.

차입금 총액이 단기 유동자산보다 적으면 밸런스 시트는 매우 건전하다. 반대로 차입금이 상당히 높은 기업은 밸런스 시트와 현금흐름표를 좀더 정성껏 볼 필요가 있다.

스타트업 ▷ 신규 사업을 일으킨 기업을 말한다. 벤처 기업이라고도 한다.

밸런스 시트도 현금흐름표도 결산 시에 작성하는 '재무 3표'의 일부다. 밸런스 시트는 기업의 재산 상황을 현금흐름표는 돈의 흐름을 볼 수 있다. 이에 대해서도 차차 설명하겠다.

Analyst Estimates(성장률과 트렌드 예상)

그림 3-10의 오른쪽 아래에 있는 Analyst Estimates(애널리스트의 업적 예상)은 과거의 일뿐 아니라 장래의 예상이므로 매우 중요하다.

Sales는 매출. **EPS(Earning Per Share)**는 주당 이익이다. 전부 중요한 것은 성장률과 그 트렌드(추이)다. 코이핀에서는 애널리스트들의 예측이 3년분 나열되어 있으므로 앞으로의 트렌드 예상의 경향이 확 잡힌다. 또한 YoY(Year over Year)에서 전년 대비도 계산되어 있다.

EPS의 성장률이 두 자릿수 이상 있는 것이 주식 투자의 우선 기준이 되어 있지만, 한 자릿수라고 해서 나쁜 것은 아니다. 사실 애플은 매출도 EPS도 한 자릿수 성장이다. 솔직히 신통찮은 수치지만, 개인적으로 애플에 투자하는 나도 이 숫자를 봤을 때 특별한 위기감은 없었다.

게다가 다음 분기(NTM)의 P/E를 다음 분기의 EPS 성장률로 나누면 **PEG(P/E to Growth)**라는 비율을 낼 수 있다. 가령 애플을 예로 들면

밸런스 시트 ▷ 대차대조표. 어느 시점에서 회사의 재정 상태를 나타낸 계산서. 사업 자금의 조달 수단과 어떤 자산을 보유하고 있는지 기재한다.

P/E NTM28.2x÷EPS 2025 예상 성장률 8.09%≒PEG3.5

1을 기준으로 해서 그것보다 낮을수록 주식은 저가가 된다. 애플은 3.5이므로 상당히 고가라고 할 수 있다.

하지만 애플은 이익률이 아주 높기 때문에 이런 수치가 된다. 말할 것도 없이 이익률이 높은 것은 좋은 일이다.

비교를 위해 AI 사업으로 급성장 중인 엔비디아도 살펴보자.

P/E NTM28.1x÷EPS 2025 예상 성장률 62.3%≒PEG0.45

상당히 저가라고 할 수 있다. 2026년 예상 성장률 20.8%로 나눠도 1.35로 애플보다 저가다.

하지만 이것은 어디까지나 기준이며 PEG가 낮은 엔비디아의 주식이 PEG가 높은 애플의 주식보다 쉽게 오른다는 보장은 없다. 애플, 엔비디아의 경우 실제로 최근 18개월 정도는 이대로 되었으나 PEG가 0.5% 이하여도 전혀 오르지 않는 주식도 많다.

다른 지표도 마찬가지지만, 하나의 수치를 보고 판단하지 말고, 전체를 봤을 때 어떤지가 중요하다. 애초에 기준보다 위라서 좋다, 아래라서 나쁘다고 간단히 판단할 수 없다.

재무 3표 재무제표 중 특히 중요한 '대차대조표' '손익계산서' '현금흐름표' 3가지를 나타내는 말.

그림 3-12: 엔비디아의 Overview

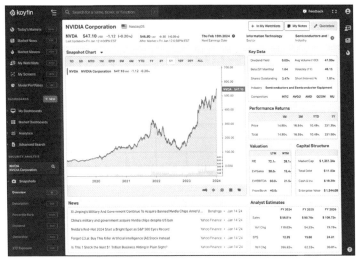

출처: Koyfin

처음에는 어렵게 느껴질 수도 있지만, 인터넷 서핑을 하듯이 여러 가지 회사의 숫자를 가볍게 살펴보자. 점차 그 회사의 특징이 보여서 흥미가 생길 것이다.

기본적 분석 방법

- 먼저 Koyfin의 Overview 페이지에서 기업의 각 데이터를 본다.
- Key Data(주요 데이터), Valuation(기업 가치의 평가 데이터), Capital Structure(자본 구성 데이터). 마지막에는 Analyst Estimates(성장률과 트렌드 예상)를 참고로 심층 분석을 할지 결정한다.

엔비디아 ▷ 미국의 반도체 제조회사. 특히 GPU(Graphics Processing Unit)의 설계에 특화되어 있다.

141

기본적 분석 ❶

과거 데이터 분석
Highlights(중요 데이터)

궁금했던 주식이 사전 조사에서 합격이라고 판단되면 기본적 분석에 들어가자. 여기에서도 코이핀을 이용해 설명하겠다.

▶ **Financial Analysis(재무 분석)의
Highlights(중요 데이터)**

먼저 **Financial Analysis(재무 분석) 중의 Highlights(중요 데이터) 페이지에서 시작한다.** 기업의 재무 데이터는 Quarterly(분기)와 Annual(연차)의 두 종류가 있고, 먼저 큰 트렌드를 보기 위해 Annual을 살펴보자.

그림 3-13: Financial Analysis-Highlights 연차

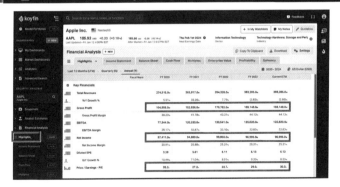

출처: Koyfin

많은 숫자에 압도될 수도 있으나 여기에서는 4가지 항목만 보면 된다. 계속해서 애플을 예시로 들어 내 해석을 덧붙였다.

Total Revenue(과거 매출) 성장률

과거 3년 정도 매출 성장률을 파악해 보자. 과거에서 현재로 가는 트렌드에 주목하기 바란다. 가령 애플은 2021년에 성장률이 급상승하고 있다 (그림 3-13). 코로나로 재택근무를 하면서 앞당겨진 수요일 것이다. 반발로 2022년 이후에는 둔화되고 있다. 이런 경우 몇 년 동안 평균을 내면 장기적 성장률을 파악할 수 있다. 애플의 2020년부터 2023년까지 3년분의 성장률을 평균하면 12.3%다.

투자자는 장기 성장률을 계산하는 데에 **CAGR(Compound Annual Growth Rate=연평균 성장률)이라는 계산식을 선호**하지만, 빠르게 파악하면 좋으니 단순 평균도 괜찮다. 참고로 CAGR로 계산해 보면 같은 3년간 성장률은 11.8%이다. CAGR은 성장률의 불균형을 고르게 해주는 효과가 있다.

어쨌든 과거 4년간 애플의 매출 성장은 대략 연 12%다. 그럭저럭 합격점이지만, 이 기간은 코로나 수요를 포함하므로 뭐라 말할 수 없다는 것이 내 솔직한 생각이다.

재무 데이터 기업의 재정 상황이나 경영 성적 등의 재무 상황을 정리한 재무제표 등의 데이터.

Gross Profit(매출총이익) 마진, EBITDA 마진

Gross Profit(매출총이익)과 137쪽에도 등장한 EBITDA, 이 두 가지가 어떤 추이를 보이는지 트렌드를 봐 두자 (그림 3-14). **여기에서는 성장률보다도 매출에 대한 마진(이익률)의 변화에 주목한다.** 특히 2023년 애플처럼 매출이 마이너스 성장하고 있을 때는 마진이 어떻게 움직이는지 매우 중요하다.

Current LTM(최근 12개월)의 EBITDA 마진과 Gross Profit 마진은 2022년과 거의 바뀌지 않았다. **매출이 마이너스 성장인 해에 마진을 유지할 수 있는 것은 가격 인상을 했다는 증거다.** 애플 브랜드력의 발로다.

조금 더 깊게 검증하기 위해 Quarterly의 숫자도 봐 둔다. 2023년

그림 3-14: 애플의 Financial Analysis-Highlights 분기별

출처: Koyfin

CAGR ▶ Compound Annual Growth Rate=연평균 성장률. 특정 기간 내에 투자나 비즈니스의 성장률을 나타내는 지표. CAGR=최종값÷최초값^{1÷(n)}-1로 구한다.

3Q(4~6월)와 4Q(7~9월) 매출은 전년 대비 마이너스가 되었으나 마진은 조금 오르고 있다. 내려가고 있는 분기도 있으나 역시 애플이다.

▶ Diluted EPS(과거 이익) 성장률

Diluted(희석화)는 잠재 주식(자사주 매수권=스톡옵션, 전환사채 등으로 나중에 발행되는 예정인 주식)도 포함한 주식수를 말한다. 그 할증된 주식수로 나눈 주당 이익이 Diluted EPS다.

Basic EPS에 대해 Diluted EPS는 분모가 커지므로 값이 작아진다. 희석된 EPS, 더 많은 물을 넣어 희석한 이미지다. 애널리스트들이 분석에 사용하는 것은 이 Diluted EPS 쪽이므로 단순히 EPS라고 하는 경우는 이 Diluted EPS를 가리킨다.

그런데 이 Diluted EPS의 성장률은 **애플의 경우 플러스 성장하는 해에 매출 성장률보다도 비율이 높아지고 있다.** 여기에서 연습 겸 이유를 생각해 보자.

나는 다음에 설명하는 Gross Profit 마진이나 EBITDA 마진이 개선되었기 때문이라고 생각한다. 게다가 대량 자사주 매수를 했을지도 모른다고 추측한다.

자사주를 매수한다=자기 회사의 주식을 사들이는 일로 인해 희석되는 물을 줄이는 효과가 있다. 농도가 진해진다=Diluted EPS의 값이 커진다=Diluted EPS의 성장률이 높아진다는 것이다.

이 추측이 맞는지는 밸런스 시트를 보면 알 수 있다. 발행 주식수가 공표되어 있기 때문이다. 실제로 밸런스 시트를 살펴보면 발행 주식수가 매년 내려가고 있음을 알 수 있다 (그림 3-15). 이것은 자사주 매수를 하고 있음을 뒷받침해준다. 지금은 이 설명 자체를 완벽히 이해하지 못해도 상관없다.

이처럼 단지 성장률을 보기만 하는 것이 아니라 다양하게 생각을 돌려 보면 재무 분석에 흥미가 생길 것이다. 투자자들이 느끼는 즐거움을 맛보기 바란다.

그림 3-15: 애플의 발행 주식수 추이

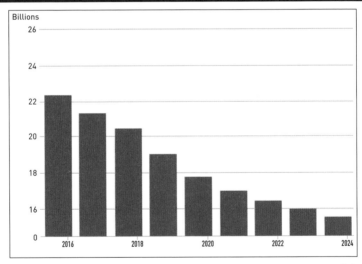

출처: Koyfin

Gross Profit(매출총이익) 마진 매출총이익률. 매출에서 매출 원가를 제한 매출총이익의 매출에 대한 비율. 숫자가 크면 클수록 좋다고 여겨진다.

여기까지 많은 매출과 이익에 관한 회계용어가 나왔기 때문에 조금 설명하고자 한다.

회계상 이익은 5단계로 산출한다. 먼저 매출에서 매출 원가를 제한 것이 Gross Profit, 매출총이익이라고 부른다. Gross Profit은 원재료처럼 상품을 만드는 데에 직접 드는 비용을 매출에서 제한 이익이다.

워런 버핏의 스크리닝 기준에 있었던 Operating Margin(영업 이익률)은 Gross Profit에서 SG&A Expenses(Selling, General and Administrative expenses=판매비·일반 관리비)를 제한 이익이다. 이쪽은 매출의 증감에 관계 없이 드는 비용, 즉 고정비용을 제한 금액이다. 연구 개발, 마케팅, 인사, 감가상각비 등 다양한 카테고리의 비용이 매출에서 제외된다.

Operating Profit는 EBIT(Earnings Before Interest and Taxes)와 같다. BBIT에 감가상각비(Depreciation & Amortization)를 다시 추가한 것이 EBITDA다.

거기에서 기업 영리 활동이란 매분기 별도로 발생하는 손익(금리의 지급 등)을 제한 것이 통상경상이익. 게다가 매분기 발생하지 않는 손익(예를 들어 자산매각이익이나 정리해고 비용 등)을 제한 것이 세전 순이익이다. 최종적으로 세금을 제한 것이 순이익이다 (그림 3-16).

EBITDA 마진 그 기업이 창출하는 EBITDA가 매출에 대해 어느 정도 있는지(수익성) 알 수 있다. EBITDA 마진=EBITDA÷매출로 구한다.

그림 3-16: 5가지 이익과 EBITDA

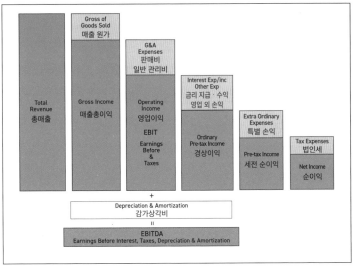

저자 작성

▶ Cash Flow(캐시플로) 분석

Highlights(중요 데이터) 페이지에서 마지막에 보는 것은 캐시플로다. 여기에서 중요한 것은 Cash from Operations(CFO=영업 캐시플로)가 성장하고 있느냐다. 즉 본업에서 수익이 나는 성장이다. 게다가 그것이 Capital Expenditure(자본적 지출)보다 많아야 한다. **많으면 성장을 위해 필요한 설비 투자액보다도 돈을 벌고 있다는 것**이다. 이런 숫자를 보면 다시금 애플의 대단함을 알 수 있다 (그림 3-17). CFO는 Capital Expenditure의 거의 10배다. 비교를 위해 마이크로소프트도 보자 (그림 3-18). 역시 훌륭하고 건전한 회사지만, 비교하자면 애플의 캐시플로가

그림 3-17: 애플의 Financial Analysis Highlights 캐시플로 분석

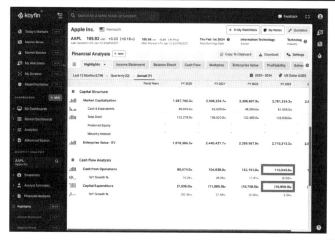

출처: Koyfin

그림 3-18: 마이크로소프트와 애플의 Financial Analysis Highlights 캐시플로 분석

출처: Koyfin

CFO(영업 캐시플로) ▶ 영업 활동에 따른 캐시플로(돈의 흐름)를 말한다. 당기순이익에 현금을 사용하지 않는 경비를 다시 추가해 운용 자본의 증감을 조절한 숫자.

그림 3-19: 아마존 장기 채무 추이

출처: Koyfin

얼마나 뛰어난지 알 수 있다. 아마존은 어떤지 보면 마진 자체가 낮은 데에 설비투자액이 커서 캐시플로는 그럭저럭(그림 3-19)이다. 유통에 돈을 들이기 때문일 것이다. 그 결과 채무(부채)가 매년 증가하고 있다.

심층 분석: 애플의 케이스 스터디

기본적 분석① 과거 데이터 분석에서 본 중요 데이터 페이지의 재무 데이터만으로 대강의 느낌은 잡힌다. 이것을 비교 검토할 수 있다면 초보자 졸업이다.

다음 단계는 사전 분석에서 본 데이터와 중요 데이터에서 본 재무 데이터 중에서 궁금한 숫자에 안테나를 세우고, 자기 나름대로 가설·검증을 하는 일이다. 즉 **기업에 따라 자세히 분석하는 데이터가 바뀌는 것이다.**

내가 애플의 Diluted EPS에서 자사주 매수가 신경 쓰여서 CFO에서 마이크로소프트나 아마존과 비교한 것도 가설·검증의 일부분이다. 사실은 그때 조금 더 자세히 보고 싶었던 점이 두 가지 있다.

여기부터는 케이스 스터디로 살펴보자. 나는 항상 이렇게 보는 것은 아니다. 같은 애플이라도 다른 시기의 분석이거나 다른 회사의 경우라면 다른 검증을 한다고 생각한다. 이 예시를 참고로 해서 앞으로 스스로 심층 분석을 통해 기본적 분석을 즐기길 바란다.

동시에 지표에 대해서도 조금 자세히 설명하겠다. 이렇게 지식을 넓혀서 투자 실력이 올라가는 것도 분석의 묘미다.

하나의 예시로는 이해가 잘 안 될 수 있겠지만, 앞으로 유튜브나 세미나 등에서 여러 가지 케이스 스터디를 공개할 예정이니 함께 경험을 쌓아나가자. 어찌 되었든 실제 경험이 중요하다.

▶ Profitability(이익률)

그런데 애플에 관해 무엇을 왜 자세히 보고 싶었을까?

먼저 애플은 '매출의 성장률이 비교적 낮은데, 밸류에이션(P/E와 P/BV)이 높다'고 생각했다. 그 이유를 검증하기 위해 재무분석인

그림 3-20: ROE와 P/E와 P/BV의 관계성

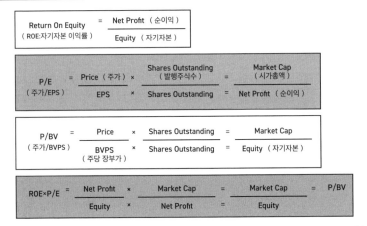

저자 작성

Profitability(이익율)의 상세를 보자 (그림 3-20). 구체적으로는 ROE의 숫자다. 이 **자기자본 이익률이 높으면 성장률이 낮아도 높은 밸류에이션은 정당화할 수 있다.**

여기에서 각 비율의 관계성을 복습해 두자.

P/BV의 설명에서 조금 언급했듯이 ROE와 P/BV는 밀접한 관계가 있다. P/E도 마찬가지다. 이 관계에 따라 ROE가 높은 회사는 매출 성장률이 낮아도 밸류에이션이 높아지는 경향이 있다.

밸류에이션이 높고 ROE가 낮은 회사는 별로 없고, 있다고 한다면 장래적으로 ROE의 급증이 기대되기 때문이다.

ROE ▷ Return On Equity(자기자본이익률). 출자금을 자본으로 얼마나 이익을 올렸는지 수치화한 것. ROE=당기순이익÷자기자본×100으로 구한다.

이것은 성장주에서 보이는 경향이다. 물론 특수한 예외도 있다.

그렇다면 애플의 ROE를 살펴보자. 무려 LTM(과거 12개월)의 ROE는 약 170%였다 (그림 3-21). 이미 자릿수 수준의 차이가 난다. 122쪽의 워런 버핏의 스크리닝 기준에서는 12% 이상이면 합격이었다. 애플은 무려 그 14배다.

통상, 브랜드력이 강한 회사는 ROE가 높아진다. 그 브랜드력을 자사에서 쌓아올린 경우 그 가치는 밸런스 시트에 실리지 않기 때문이다.

어떤 것인지 설명하겠다. 가령 누군가 애플을 매수한다고 하면 매수하는 측은 애플의 시가총액을 매수 가격으로 지불해야 한다. 2024년 1월 현재 약 3조 달러다. 그에 비해 밸런스 시트 상 애플의 자기자본은 약 600억 달러밖에 없다. 그 차액인 약 2.9조 달러는 매수한 측의 밸런스 시트에 Goodwill(브랜드력)로 계상되는 수밖에 없다. 결국 밸런스 시트는 거대해지고 따라서 ROE는 내려간다.

하지만 애플은 브랜드력을 스스로 쌓았기 때문에 밸런스 시트에는 계상되지 않는다. 따라서 ROE는 높은 상태다.

다른 브랜드력이 있는 회사라면 코카콜라나 마이크로소프트를 떠올리겠지만 그 회사들의 ROE는 약 40%다. 이것도 대단하지만, 애플의 ROE 약 170%가 얼마나 대단한 숫자인지 알 수 있다.

Goodwill 기업 수익에 직결하는 브랜드력, 기술력, 우량고객 등의 사회적 신용력. 수익 시 가격이 시가 순자산액을 웃도는 경우 그 차액을 굿윌의 가격으로 간주한다.

그림 3-21: 애플의 Financial Analysis-Profitability 연차

출처: Koyfin

그림 3-22: ROE, P/E, PEG, 자사주 매수, 자기자본비율의 비교

	Ticker	Name	Return On Equity % (LTM)	P/E (EST FY1)	PEG (NTM)	P/TBV (LTM)	Repurchase of Common Stock (LTM)	自己資本比率
☐	• AAPL	Apple Inc.	171.95%	28.2x	3.32	46.3x	$ -82.98b	17.63%
☐	• MSFT	Microsoft Corpora...	39.11%	34.7x	2.58	20.0x	$ -21.50b	49.51%
☐	• NKE	NIKE, Inc.	36.03%	29.1x	2.43	11.7x	$ -5.26b	38.02%
☐	• KO	The Coca-Cola Co...	41.22%	22.5x	4.14	-	$ -1.20b	26.98%
☐	• HD	The Home Depot, ...	1,151.32%	23.6x	2.56	-	$ -8.03b	1.89%
☐	• AMZN	Amazon.com, Inc.	12.53%	57.7x	3.01	10.0x	$ 0.00u	37.58%
☐	• GOOGL	Alphabet Inc.	25.33%	25.0x	1.55	7.4x	$ -60.72b	68.87%

출처: Koyfin

덧붙이자면, **ROE가 높은 회사는 자사주 매수를 하고 있는 경우가 많다**는 점이다. 애플의 자사주 매수에 대해서는 Diluted EPS를 봤을 때도 조금 검증했었다.

자사주 매수에 따라 ROE가 높은 가장 두드러지는 예시가 홈디포 (Home Depot)다. 미국의 홈센터로 일본에도 점포가 있다. 이 회사는 창업 이래 벌어들인 돈 이상을 자사주 매수에 소비해 무려 자기자본율이 1.89%다 (그림 3-22). ROE를 계산하는 분모인 Equity(자기자본)가 적어서 ROE는 1,000%를 넘는다. 이것이 가능한 이유는 홈디포의 이익률이 상당히 높고, 캐시플로가 풍부하기 때문이다.

하지만 내 견해로는 건전하다고 말할 수 없다. 만약 다른 투자자라면 어떻게 판단할까?

참고로 Equity ratio(자기자본율)은 Total Common Equity(총자본)를 Total Assets(총자산)로 나눈 것이다. 그림 3-22에도 있듯이 이 시점에서 애플의 자기 자본율은 17.6%이다. 특히 테크놀로지 기업 중에서는 낮은 편에 속한다.

자기자본율이 낮다는 것은 그만큼 부채가 많다는 뜻이다. **프리 캐시 플로(FCF=자유롭게 사용할 수 있는 돈)가 풍부하지 않은 회사로 부채가 많으면 밸런스 시트는 불건전**해지지만, 애플의 경우 앞서 중요 데이터 페이지에서 캐시플로의 건전성은 확인이 끝났다.

▶ Cash Flow(캐시플로) 상세

나는 애플의 Cash Flow의 항목을 더 깊이 분석하고 싶었다. 다시 설명하자면 **Cash Flow의 상세를 보면 회사가 벌어들인 돈을 무엇에 사용**

하는지 알 수 있다. 개인의 가계에서도 수입에서 식비, 주거비, 광열비, 교제비 등을 쓴 뒤에 남은 돈을 무엇에 쓸지는 각자 다르다. 주식에 투자하는 사람, 집을 사기 위해 저금하는 사람, 자동차를 사는 사람, 카드빚이나 학자금 대출을 갚는 사람 등 가지각색이다. 기업도 마찬가지로 그 쓰임새에 따라 경영 방침과 장래성을 분석할 수 있다.

그렇다면 애플은 무엇에 돈을 사용하고 있을까? 순서대로 살펴보자 (그림 3-23).

먼저 **Net Income(당기순이익).** 이것은 147~148쪽에 있는 5개의 이익 중 마지막에 전부를 제한 것이다. 단순히 순이익이라고 부를 수 있다.

캐시플로 분석에서는 여기에 실제로는 사용하지 않은 돈을 더해 검토한다. 예를 들어 **Depreciation(감가상각비)**다.

Depreciation을 자동차를 예로 들어 설명하겠다. 회계상 자동차는 약 5년 만에 가치가 없어진다고 한다. 그렇게 되면 비즈니스 회계상으로는 5년간 매년 그 자동차의 구입비의 5분의 1이 경비로 빠진다. 그만큼 Net Income은 낮아지므로 법인세를 절약할 수 있으나 실제로 기업이 그 돈을 사용한 것은 아니다. 그래서 캐시플로의 계산으로는 Add Back(다시 추가)된다.

이처럼 Add Back되는 비현금 항목은 이외에도 스톡옵션으로 지급된 보수나 Goodwill의 상각 등이 있다.

그런 비현금 항목을 더한 금액에 비즈니스를 하는 데에 더 필요한 **Working Capital(운전 자본)**의 증감을 더한 것이 **CFO**다.

그림 3-23: 애플의 캐시플로(Koyfin)

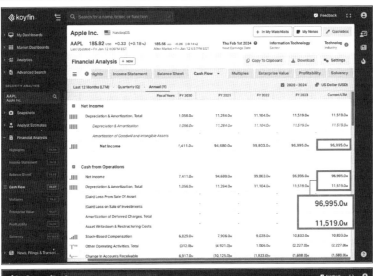

출처: Koyfin

Working Capital은 예를 들어 재료를 매입해서 상품을 만들고, 고객에게 요금을 받기 전까지의 기간, 외상 매출금·외상 매입금의 타이밍 등으로 증감한다. 이 운전자본이 줄어들면 CFO는 증가한다. 반대로 운전자본이 증가하면 CFO는 줄어든다.

가령 매입처에는 3개월 후에 재료비를 지급해도 되고, 판매처는 그 자리에서 현금으로 지급해준다고 하자. 그렇게 되면 운전자본이 줄어들기 때문에 CFO는 증가한다. 반대로 매입처에는 바로 지급해야 하고, 판매처에서는 3개월 후에 지급해준다고 하자. 그렇게 되면 운전자본이 증가하므로 CFO는 줄어든다. 그것이 운전자본의 콘셉트다.

그러면 여기에서 애플의 Net Income에 비현금 항목과 운전자본의 증감을 더한 CFO를 살펴보자.

최근 결산 시점에서 LTM의 Net Income이 약 970억 달러. CFO가 약 1,105억 달러였다. 이 1,105억 달러가 애플이 영업 활동으로 벌어들여 사

그림 3-24: 애플의 캐시플로 Cash from Investing

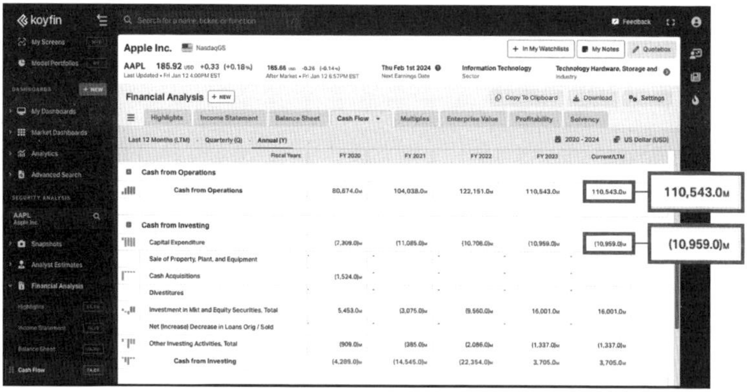

출처: Koyfin

업을 더욱 확장해야 할, 쓰임새를 생각하는 자금이 된다. 가계에서 말하자면 월말에 남은 돈이다. 그러면 여행을 갈까? 공부에 사용할까? 아니면 주식에 투자할까?

애플이 무엇에 돈을 쓰는지 알고 싶은가? 그것을 알 수 있는 것이 그림 3-24의 **Cash from Investing**의 부분이다.

먼저 CFO(영업 캐시플로)의 약 10%가 CAPEX(설비 투자액)에 충당되고 있다. 사업을 지속하고 성장시키기 위해 필요한 기계, 공장, 토지, 오피스 가구, 오피스 빌딩 등 나중에 감가상각되는 자산을 구매한다. CAPEX는 가계에서 말하자면 큰 가전이나 자동차를 구매하는 이미지다. 이 CAPEX가 CFO에 비해 적을수록 그 사업은 자본효율이 높다고 본다.

사실 애플은 자본효율이 높다. 전자기기 제조 소매업이지만, 자사에서는 디자인을 할 뿐 실제 제조는 다른 회사에 발주하기 때문이다. 예를 들어 아이폰은 세계 최대의 전자기기 수탁생산기업 폭스콘(Foxconn)에 발주하고 있다. 자사에서 제조하면 대규모 공장이나 기계를 구매하게 되어 자본효율이 더 떨어질 것이다.

다만 **반드시 자본효율이 높다고 좋은 것은 아니다.**

예를 들어 테슬라는 애플과는 반대로 모든 제조공정을 자사에서 처리한다. 그래서 CAPEX은 CFO의 약 70%가 되기도 해서 자본효율이 낮다(그림 3-25). 그러나 자사에서 제조 과정을 완전 컨트롤할 수 있어 다른 자동차 회사보다도 높은 이익률을 유지할 수 있다. 또한 공급 채널도 타사에 의존하는 애플보다 훨씬 컨트롤하기 쉽다.

그림 3-25: 테슬라의 캐시플로 Cash from Investing

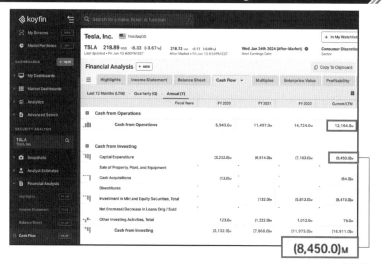

출처: Koyfin

그렇다고 해도 **다른 조건이 모두 같다면 자본효율이 높은 회사가 투자자에게 매력적**으로 비칠 것이다. 왜냐면 그만큼 프리 캐시플로(FCF)가 증가하기 때문이다.

프리 캐시플로는 회사가 자유롭게 사용하는 돈이다. CFO에서 CAPEX를 제한 금액이 FCF다. EPS보다도 FCF에 주목하는 투자자도 많을 정도로 중요한 지표다.

그림 3-24의 클로즈업

출처: Koyfin

그림 3-24로 돌아가서 Cash from Investing 부분의 Investment in Mkt and Equity Securities의 숫자에 주목해 보면 애플은 유가증권(미국 국채 등)을 160억 달러 정도 현금화하고 있음을 알 수 있다.

이것은 좋은 타이밍에 자사주 매수를 할 수 있도록 채권을 현금화하고 있을지도 모른다. 자사주 매수 외에 부채 변제에도 충당한다고 추측할 수 있다.

가령 유가증권을 구매해 늘리는 경우는 이 숫자가 마이너스(현금 잔고가 줄어든다)가 된다. 애플의 경우는 플러스이므로 팔았다(현금 잔고가 증가했다)고 볼 수 있다.

이렇게 자본에 남은 돈으로 부채를 변제하거나 자사주 매수를 하는 흐름을 알 수 있는 것이 Cash from Financing의 섹션이다.

그림 3-26: 애플의 캐시플로 Cash from Financing

출처: Koyfin

그러면 실제로 이번 분기, 애플은 무엇에 남은 돈과 현금화한 돈을 사용했을까? 그것을 알 수 있는 것이 그림 3-26의 Cash from Financing 부분이다. 이것은 가계에서 말하자면 빚을 갚는 일이다.

애플은 부채를 약 100억 달러 줄이고, 자사주를 약 830억 달러만큼 다시 사들이고, 배당을 약 150억 달러 지급했다. 그야말로 현금을 창출하는 기계다. 여기까지 보고 애플의 돈 쓰임새가 머릿속에 그려졌다.

▶ 기업분석으로 주식을 살까? 말까?

→

이상 기본적 분석①의 과거 데이터 기업분석을 하고, 나 나름대로 2023년 9월 30일 시점(2024년 1월 현재 최근 데이터)에서 애플의 재무 상황을 정리하자면 다음과 같다.

- **애플의 주식은 전 세계에서 두 번째로 시가총액이 크지만, 사실 예상 변동률은 마이크로소프트나 알파벳(Google)보다 높다.**
- **지금의 P/E는 과거의 평균으로 보면 높지만, 코로나 후의 평균으로 보면 딱 평균 근처다.**
- **2023년은 매출이 마이너스 성장. 하지만 이것은 코로나 수요를 앞당긴 탓이다. 2024년에는 3~4%의 매출 성장이 기대된다. 그렇다고 해도 이 성장률로는 이미 성장주라고 말하기 어렵다.**
- **애플의 캐시플로는 최강이다. 자사주 매수를 실행하므로 ROE가 현격히 다르다.**

• Equity ratio는 다른 테크놀로지 기업에 비하면 낮지만, 캐시플로가 풍부하므로 밸런스 시트는 건전하다.

여러분은 어떤가? 주식을 사겠는가? 사지 않겠는가? 어려운 문제다. 사실 **기본적 분석①의 기업의 과거 데이터 분석은 사지 않을 이유를 찾는 데에는 매우 효과적이지만, 그것만으로 주식의 구매를 결정하기는 어렵다.**

내 개인적인 의견으로는 기업의 과거 데이터 분석에는 주로 3가지 목적이 있다.

1. 업적이 좋지 않고 재무 상태가 건전하지 않은 기업을 잘 모르고 매수하는 리스크를 배제할 수 있다.
2. 업적을 좋게 파악함에 따라 확신이 증가하고 주식을 구매한 후 만약 주식이 떨어졌을 때 받을 손실의 리스크를 줄인다.
3. 자기 나름대로 주가의 페어밸류(적정 가격)을 도출하고 사야 할지 확인한다.

이 중에서 **1과 2가 나에게는 특히 중요**하다. 특히 재무 상황을 자주 파악하지 않은 기업의 주식을 구매하면 대폭락했을 때 두려워서 바닥 시세에 던질 가능성이 매우 커진다. 그렇게 되면 큰 손해다. **기업의 과거 데이터 분석으로 사야 할 이유를 찾기보다 사지 않을 이유를 찾고 살 필요가 없는 기업의 주식을 잘 모른 채 구매하는 리스크를 줄인다.** 구매한 후에 이상한 주가에서 팔지 않기 위해 미리 기업의 능력을 자기 나름대로 확인해 둔다. 이 중요성은 실제로 투자해 보면 절실히 느낄 것이다.

과거 데이터 분석으로 3의 페어밸류를 도출하는 것은 자산에 숨겨진 가치가 있는 기업을 발견하는 가치주 투자용이다. 그것은 상당한 업계 지식과 경험을 쌓을 필요가 있으므로 난도가 꽤 높다.

최종적으로 주식을 살지 말지 결정하는 것은 그 기업이 앞으로 어느 정도 업적을 발전시킬 수 있는지 생각하거나 자신의 예상과 시장의 예상 차이가 어느 정도 있는지에 달려 있다.

즉 과거 분석이 아니라 미래의 예상이다. 하지만 미래의 예상을 하려면 일단 과거 분석이 필요하다.

미래 예상을 위해 이때부터 기본적 분석②의 업적 예상 모델(166쪽)을 만들고, 공개된 애널리스트 예상에 비교해 자신의 예상을 검증한다. 그리고 기본적 분석③의 기업 가치 예상 모델(176쪽)도 만들어 주가에 반영되는 장기 성장률도 계산한다.

하지만 실제로 지금까지 본 ①의 과거 데이터 분석조차 하지 않는 시장 참가자가 대부분이다. 코이핀(Koyfin) 같은 툴로 투자 후보의 재무 상황을 보기만 해도 1과 2의 목적은 달성할 수 있다. 그것만으로 상당히 우위에 설 것이다.

장기적으로 발전하고, 이익률도 평균 이상, 밸런스 시트는 건전하고 캐시플로도 풍부하다. 이만큼 확인했다면 CHAPTER 4로 나아가 기술적 분석으로 매수 시기를 간파해 주식을 산다. 이것만으로도 상당히 손해 확률을 줄일 수 있다.

 조금 돌이켜 보자

여기에서 기본적 분석①은 마무리한다. 여기까지 공부한 시점에 122 쪽에서 본 워런 버핏의 스크리닝 조건을 다시 한번 읽어 보기 바란다. 처음에는 잘 몰랐던 항목의 이점을 대강 알게 된 것 같지 않은가? 그렇다면 대단한 성장이다.

기본적 분석 ②

업적 예상(분기, 내년도)

▶ 주가가 오르는 이유

주가가 오르는 이유는 얼마든지 있다. 내려가는 이유도 그렇다. 하지만 개별주는 장기적으로 주가가 성장할지 성장하지 않을지는 결국 결산(업적)의 성장이 말해준다. 금리, 경제, 지정학 리스크 등이라는 거시적인 영향도 크지만, 결국 **그 회사의 업적이 시장 참가자의 예상 이상으로 성장하면 주가는 오르고, 예상 이하라면 떨어진다.**

핵심은 '예상 이상', '예상 이하'라는 부분이다. 주가는 예상과 현실의 차이로 움직인다. 즉 주가가 가는 곳을 맞추려고 하면 2단계에서 정답을 낼 필요가 있다.

1. 먼저 예상을 맞춰야 한다.
2. 그 예상이 이미 반영되어 있는지 맞춰야 한다.

예를 들어 애플이 컨센서스를 크게 웃도는 결산을 냈다고 하자. 하지만 주식이 내려가는 일이 있다. 이것은 시장 참가자가 애플은 컨센서스를 웃도는 결산을 낸다고 예상했기 때문이다. 즉 1의 예상은 맞지만, 그것은 이미 반영되었다고 할 수 있다.

하지만 다시 시작하면 즐거워진다. 먼저 1의 예상을 맞추는 일부터 도전해 보자.

▶ 업적 예상 모델이 분석의 핵심이 된다

⟶

예상을 맞추려면 당연히 먼저 예상을 세워야 한다. 하지만 업적 예상은 어떻게 해야 좋을까? 그 답이 헤지펀드가 실행하는 분석의 핵심이라고 할 수 있는 업적 예상 모델(Earnings Model)이다. 이것은 표계산 소프트웨어를 사용한다.

실제로 내가 작성한 2023년 말 시점에서의 애플 업적 예상 모델을 그림 3-27에 게재했다. 모두 이용할 수 있도록 상당히 간략화했는데, 이것으로 충분하다.

이 모델에 필요한 데이터를 입력하고 스스로 업적 예상을 세워 본다. 그리고 결산이 발표되면 자신의 예상치와 비교하면서 결과를 입력한다. 그리고 또 다음 분기의 업적 예상을 세운다.

결산마다 이 프로세스를 몇 번 반복하면 그 회사를 잘 알게 된다. 이것을 반복하면 요점도 파악할 수 있다.

Koyfin이나 Yahoo! 파이낸스 등에서도 결산 정보는 볼 수 있는데, 왜 스스로 모델을 만들 필요가 있느냐면 그런 정보 사이트에는 항목이 표준화되어 있기 때문이다. 기업에 따라 매출 상세나 경비를 나누는 방식 등의 항목이 다르지만, 정보 사이트에는 일률적으로 모든 기업의 데이터를 비슷하게 구현하고 있다. 따라서 기업 특유의 특징이나 트렌드를 놓치기 쉽다.

예를 들어 애플의 경우 내가 가장 중요시하는 Revenue Detail(매출 내용)은 정보 집계 사이트에서는 볼 수 없다. 지역별, 상품별 매출 데이터는 애플의 결산 보도자료(IR 정보)에서만 볼 수 있다.

애플의 결산 보도자료는 PDF다. 정보를 모델에 손으로 입력해서 그 숫자를 기초로 업적 예상을 세워간다.

현시점에서는 이 방법이 최선이다.

그림3-27: 업적 예상 모델 Earnings Model 애플

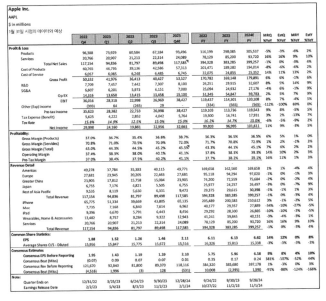

저자 작성

업적 예상을 세우는 방법은 이번 장의 마지막에서 설명하겠다. 처음에는 어려울 수도 있으나 가능하게 되면 결산이나 비즈니스 뉴스가 재밌어질 것이다. 열심히 도전해 보자.

▶ 업종이나 기업 타입에 따라 다르다

애플의 경우 Koyfin에서 밸런스 시트와 캐시플로까지 봤지만, 모델을 만드는 것은 매출(Revenue)과 이익(Earnings)을 예상하기 위함이므로 그 정보는 생략되어 있다.

그러나 **업적에 따라서는 밸런스 시트의 정보가 중요**해지기도 한다. 가령 은행은 밸런스 시트에 실린 대출이나 채권 등의 차익금으로 돈을 벌기 때문에 그것의 성장이 결산의 열쇠를 쥐고 있다. 그런 업종의 경우는 밸런스 시트의 정보를 모델에 실을 필요가 있다. 에너지나 원료 관련 업종도 밸런스 시트가 중요해진다.

테크놀로지 관련 기업은 대개 밸런스 시트의 정보는 필요 없는데, EPS가 아직 마이너스로 이익이 나오지 않는 성장주 등의 경우는 캐시플로의 정보가 매우 중요하다. 따라서 그 정보도 모델에 게재한다.

이렇게 케이스 바이 케이스이지만, 모델 만들기에 익숙해지면 업적에 따른 주가의 영향을 예상할 때 어느 데이터가 필요한지 알게 되어 기업에 따라 스스로 모델에 필요한 데이터를 포함하거나 생략하게 된다. 그때까지는 내가 작성한 모델을 기초로 해서 조금씩 응용하기 바란다.

이 책에서는 애플 외에 유형이 다른 3개사의 모델을 다운로드할 수 있도록 했다. 애플의 모델과 비교해 보면 각각 특유의 항목이 있다. 간단히 설명해 두겠다.

▶ 엔비디아(NVIDIA)의 업적 모델

엔비디아의 모델은 애플보다 행수가 많다. 그것은 업적을 예상할 때 다음 정보가 필요하기 때문이다.

먼저 Adjusted Income(조정 후 이익). 엔비디아는 사원의 급여를 스톡옵션 등으로 지급하는 일이 있다. 일부 사원은 급여를 돈이 아니라 자사주를 매수할 권리로 받는 것이다. 그 경우 옵션의 가치를 현금으로 환산한 금액은 영업 이익에서 제외되는데, 실제로는 돈을 쓰지 않았으므로 Adjusted Income에서 그만큼이 다시 추가된다(Add Back). 애널리스트가 EPS를 예상할 때 이 Adjusted Income을 사용한다. 이것은 테크놀로지 관련 기업에 많이 보이는 경향이다.

또한 Next Q Guidance(다음 분기의 업적 예상)도 추가한다. 엔비디아는 매회 결산을 낼 때 다음 분기의 가이던스(업적 예상)를 발표한다. 사실 이 가이던스가 실제 결산의 숫자보다도 주가를 움직인다. 따라서 엔비디아처럼 가이던스를 매번 내는 회사의 모델에는 가이던스를 적어 둔다.

그림 3-28: 업적 예상 모델 Earnings Model 엔비디아

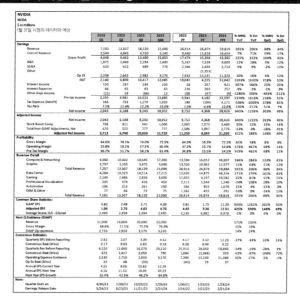

저자 작성

Annual EPS Current Year, Next Year(이번 분기, 다음 분기 EPS 예상) 도 설정한다. 엔비디아처럼 급성장하는 기업에서는 이번 분기와 다음 분기의 EPS 예상이 분기마다 어떻게 바뀌는지 매우 중요하다. 모델을 업데이트할 때 그때의 컨센서스 예상을 적어 둔다.

스톡옵션 기업이 직원이나 이사 등 특정 개인에 대해 자사의 주식을 미리 정해진 가격으로 취득할 수 있는 권리를 주는 제도.

▶ 몽고DB(Mongo DB)의 업적 모델

데이터베이스 사업을 하는 몽고DB는 큰 성장을 기대할 수 있는 정보 기술 섹터의 하이퍼 그로스주이지만, 아직 정식으로 이익이 나지 않은 소위 'Profitless Tech'(수익을 내지 않은 테크놀로지 기업) 중 하나다. 그래서 엔비디아보다도 더욱 행수가 길다. 표의 Non-GAAP Income은 Adjusted Income과 동의어다. 몽고DB는 Non-GAAP라는 말을 사용하므로 여기에서는 그대로 사용한다. GAAP(Generally Accepted Accounting Principles)란 미국의 상장 기업이 결산서를 낼 때의 회계 기준이다. 그러나 많은 기업이 GAAP만으로는 업적의 실태를 파악하기 어렵기 때문에 독자적인 기준으로 계산한 결산서를 주주에게 제공한다. 몽고DB도 가이던스를 내지만, 그것은 Non-GAAP에 기초하고 있으므로 그런 의미에서도 중요하다.

이 Non-GAAP 중에 앞서 설명한 Gross Profit(매출총이익)과 EBIT(이자 지급 전·세전 이익)가 있는데, 이것도 몽고DB의 경우 GAAP 숫자와는 다르다.

Customer Growth(고객 성장)도 싣는다. 몽고DB는 SaaS(Software as a Service)의 회사로 자사가 만든 소프트웨어를 구독 서비스로 고객에게 제공한다. 이런 경우 매출도 중요하지만, 고객의 성장률도 매우 중요하다. 이 숫자도 보도자료에 매분기 공표되므로 모델에 실어 변천을 본다.

Cash Flow(캐시 플로)와 Balance Sheet(밸런스 시트)의 필요 최소한

그림 3-29: 업적 예상 모델 Earnings Model 몽고DB

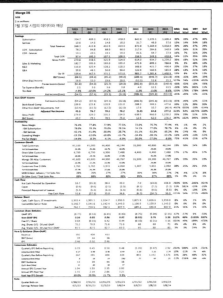

의 데이터도 싣는다.

몽고DB는 Non-GAAP에서는 이익이 나지만, GAAP에서는 아직 이익이 나지 않으므로 캐시플로가 긍정적인 숫자가 되는지, 밸런스 시트는 건전한지 모니터할 필요가 있기 때문이다.

앨버말(Albemarle)의 업적 모델

앨버말은 전기 자동차 전지에 필요한 리튬을 생산하는 회사다. 성장주가 아니라 가치주라고 할 수 있다.

그림 3-30: 업적 예상 모델 Earnings Model 앨버말

Albemarle
ALB
$ in millions
1월 31일 시점의 데이터와 예상

	2022 Q3	2023 Q2	2023 Q3	2023 Q4E	2021 FY	2022 FY	2025 PYE	NRQ %YoY	NRY %YoY	Self %YoY
Earnings										
Energy Storage	1,943.7	1,763.1	1,697.2	1,600.0	1,163.3	6,746.1	7,003.9	20%	-23%	248%	48%
Specialties	418.8	371.3	353.7	350.0	1,128.1	1,674.4	1,492.8	-20%	10%	48%	-11%
Ketjen	217.8	237.8	160.7	260.3	836.3	889.6	964.1	13%	8%	8%	7%
Total Revenue	2,580.3	2,370.2	2,310.6	2,200.0	3,318.0	7,320.1	9,461.0	10%	-16%	120%	29%
Cost of Goods Sold	1,303.7	1,811.7	2,255.7	2,220.0	3,330.0	4,245.5	7,591.1	115%	37%	82%	79%
Total COG	1,303.7	1,811.7	2,255.7	2,220.0	3,330.0	4,245.5	7,591.1	115%	37%	82%	79%
Gross Profit	1,276.5	558.5	54.9	(20.0)	998.0	3,074.6	1,870.0	-95%	-102%	208%	39%
SG&A	154.3	197.1	175.9	180.0	441.5	524.1	905.2	29%	31%	19%	73%
R&D	20.5	21.4	21.0	21.0	54.0	72.0	84.0	15%	4%	33%	17%
Other Expenses					(296.0)	6.4			-103%	-100%	
Op Ex	174.8	419.5	194.9	201.0	199.1	604.5	989.2	28%	19%	209%	64%
EBIT (Loss)	1,101.8	140.0	(140.0)	(221.0)	798.4	2,470.1	880.7	-116%	-127%	209%	64%
Interest Expense	26.8	25.6	29.3	29.0	61.5	123.0	110.7	0%	13%	100%	-10%
Other (Exp) Income	82.5	54.0	11.2	10.0	(603.3)	86.4	157.6	40%	-114%	-115%	43%
Pre-tax Income (Loss)	1,157.5	168.4	(158.2)	(240.0)	133.6	2,433.4	927.7	-118%	-128%	1721%	62%
Tax Expense (Benefit)	277.0	43.0	(8.6)	(12.0)	29.4	390.6	286.4	-104%	-150%	1326%	-23%
Tax Rate	22.8%	21.1%	5.4%	3.0%	22.0%	16.2%	32.1%	-76%	9%	-27%	101%
Net Income from Unconsolidated Subs	196.2	551.1	470.1	580.0	81.8	772.1	1,767.5	82%	18%	706%	133%
Net Income Attributable to Others	(38.1)	(26.4)	(18.2)	(20.0)	(76.3)	(125.9)	(102.7)	-47%	-32%	64%	-18%
Net Income (Loss)	1,288.4	650.0	302.5	332.0	123.7	2,689.8	2,323.2	-66%	-88%	2075%	-14%
Non-GAAP Income										
Net Income (Loss)	1,288.4	650.0	302.5	332.0	123.7	2,689.8	2,323.2	-66%	-88%	2075%	-14%
Non Operating Pension Items	0.4	0.4	0.4	0.4				5%	-110%	-30%	-104%
Non-Recurring Items	(22.8)	213.2	19.7		407.3	805.4	210.1	-101%	-100%	-115%	-442%
Adjusted Net Income	1,256.0	863.6	322.6	334.4	470.3	3,586.5	2,534.8	-63%	-87%	450%	-2%
EBITDA	1,623.6	811.7	438.3	500.0	663.6	3,504.3	2,360.6	-84%	-61%	648%	-4%
Adjusted EBITDA	1,595.7	1,013.0	453.1	510.0	872.0	3,475.9	3,612.0	-62%	-87%	299%	3%
Profitability										
Gross Margin	49.5%	23.6%	2.4%	-0.9%	73.2%	64.8%	16.7%	-95%	-102%	-11%	55%
EBITDA Margin	63.2%	34.2%	18.5%	22.7%	14.1%	47.9%	35.4%	-68%	-53%	240%	-26%
Operating Margin	56.7%	7.9%	-4.2%	-13.8%	58.6%	52.0%	12.4%	-113%	-134%	-11%	26%
Adjusted EBITDA Margin	58.6%	9.6%	-0.3%	-15.0%	9.8%	51.3%	13.3%	-111%	-136%	423%	-76%
Cash Flow										
Net Cash Provided by Operation	721.0	784.7	(82.1)	(523.5)	344.3	1,907.8	800.0	-113%	-98%	454%	-58%
CAPEX	(415.6)	(919.3)	(190.3)	(334.8)	(953.7)	(1,261.6)	(1,800.0)	60%	-25%	32%	43%
Free Cash Flow	305.4	(124.6)	(232.4)	(958.3)	(609.4)	646.2	(1,000.0)	-137%	-399%	-206%	-255%
Balance Sheet										
Cash, Cash Equiv, ST Investments	1,666.7	1,698.7	1,601.7	1,600.0	439.3	1,498.1	1,600.0	-6%	1%	265%	64%
Inventories	1,388.8	1,858.6	3,404.2	3,400.0	852.9	2,070.6	3,400.0	2370%	84%	155%	64%
LT Debt	3,233.4	3,509.3	3,498.0	3,500.0	3,004.3	3,215.0	3,500.0	12%	9%	60%	9%
Net Cash	(1,666.7)	(1,809.6)	(1,894.3)	(1,900.0)	(1,569.0)	(1,715.8)	(1,900.0)	9%	5%	15%	11%
Common Share Statistics										
GAAP EPS	10.51	5.52	2.57	1.13	1.06	22.82	19.72	-66%	-88%	2051%	-14%
Non-GAAP EPS	10.24	7.33	2.74	1.12	4.04	31.85	21.52	-63%	-87%	444%	-2%
Free CF / Share	2.59	(1.06)	(1.89)	(8.14)	5.15	4.30	(8.49)	-137%	-431%	-174%	-295%
Avg. Shares O/S - (Dilut)	117.8	117.8	117.8	117.8	116.5	117.8	117.8	0%	0%	1%	0%
Current FY Guidance										
Net Sales	11,500	11,500	9,800								
Adjusted EBITDA	4,000	4,400	3,450								
Adjusted EBITDA Margin	35%	38%	35%								
Adjusted EPS	25.75	29.50	23.50								
Net Cash Provided by Operation	2,300	1,800	800								
CAPEX EPS	1,900	2,100	2,100	1,800							
Consensus Estimates										
Quarterly EPS Before Reporting	7.04	4.52	3.74	1.12	3.19	20.26	21.54	-66%	-87%	498%	6%
Consensus Next (Rely)	3.39	3.41	(3.40)	0.00	3.40	3.40	(0.02)	-298%	-98%	181%	-101%
Quarterly Rev Before Reporting	2,740	2,400	3,330	2,200	1,201	7,326	9,450	14%	-16%	129%	29%
Consensus Next (Rev)	(340)	(30)	(330)		107	(6)	31	84%	-100%	-205%	-36%
Annual EPS Current Year	26.21	34.83	35.05								
Annual EPS Next Year	27.71	22.23	20.77	8.53							
Next Year EPS Growth	5.7%	-10.4%	-20.1%	-51.9%							
Notes										
Quarter Ends on	3/31/23	4/30/23	9/30/23	12/31/23	12/31/21	12/31/22	12/31/23				
Earnings Release Date	5/3/23	8/3/23	11/2/23	2/15/24	2/16/22	2/15/23	2/15/24				

저자 작성

이 회사는 엔비디아처럼 스톡옵션을 내지는 않지만, Non-recurring Item(이번 분기만의 특별 수입·지출)이 있다. 그래서 앨버말의 가이던스도 애널리스트의 예상도 Non-GAAP의 숫자를 바탕으로 하므로 Non-GAAP의 섹션이 필요하다.

또한 이익은 내고 있지만, 캐시플로가 별로 풍부하지 않은 것과 CAPEX(설비 투자액)이 크다는 것에서 캐시플로와 밸런스 시트의 정보도 싣는다.

특히 밸런스 시트 데이터에는 Inventories(재고)가 중요하다. 밸런스 시트에서 가장 큰 숫자이며, 리튬의 가격이 오를 때는 이익 가능성, 내려갈 때는 손실 가능성의 지표가 되므로 장래 업적의 힌트가 된다. 또한 이 숫자에서 비상시에 가격을 내려서 재고를 팔면 부채가 상환되는지도 볼 수 있다.

앨버말은 EPS의 가이던스 외에 캐시플로와 CAPEX의 가이던스도 공개하고 있다. 다만 이 가이던스는 다음 분기가 아니라 이번 분기(연간)의 전체이므로 그 점에 주의해야 한다.

★기본적 분석② 업적 예상★

- 업적 예상 모델에 필요한 데이터를 입력해서 스스로 업적 예상을 세운다. 결산이 발표되면 자신의 예상치와 비교하면서 결과를 입력하고, 다음 분기의 업적 예상을 세운다.
- 업적이나 기업 유형에 따라서 필요한 정보가 증가하기도 한다.

기본적 분석 ❸

기업 가치 예상(장기)

▶ 장기 성장률과 금리, 베타로
기업의 현재 가치를 예상한다

업적 예상 모델이 단기용이라면 앞으로 소개하는 기업 가치 예상 모
델은 장기용이다. 이 모델표는 내가 작성한 것이며, 실제로 투자를 검토
할 때 이용하고 있다.

186쪽에 기재한 업적 예상 모델보다도 민첩하게 예상 공정 가치도 나
올 때가 있으니 재미있다고 느낄 수도 있다.

이것은 DCF(Discount Cash Flow)라는 방법을 이용해 그 기업이 장

그림 3-31: 기업의 공정현재가치(Fair Present Value) 예상 모델

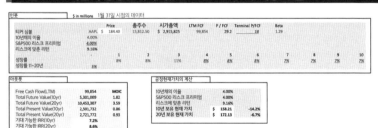

래 만들어낼 프리 캐시플로를 '이 기업에 투자하는 리스크를 무릅쓴다면 연평균으로 최적 이 정도의 이익을 원한다'라고 생각하는 이율로 나누어 현재 가치를 산출하기 위한 모델이다.

현재 가치란 장래 받을 이익을 현시점으로 환산해서 저가인지 고가인지 판단하기 위한 것이다. 결국 장기로 투자할 가치가 있는지 확인하는 모델이라고 생각하자.

다만 이것은 업적 예상 모델과 달리 매분기 답 맞추기가 불가능하다. **업적 예상 모델이 사이언스 80%:아트 20%이라면 기업 가치 예상 모델은 사이언스 20%:아트 80%이다.** 산출된 결과가 어디까지나 자신의 추측에 기초한 것이기 때문이다. 따라서 이 모델에서 저가라는 결과가 나와도 그 주식이 나중에 그대로 오른다는 보장은 없다고 봐야 한다.

하지만 기업 가치 예상 모델은 많지 않은 입력 데이터로 여러 가지 시나리오를 검증할 수 있으므로 꼭 접해 보기 바란다. 게임 감각으로 스스로 데이터를 바꾸면서 판단 기준으로 삼아 보자. 상세한 사용법은 이번 장의 마지막에 설명하겠다.

★기본적 분석③ 기업 가치 예상★

• 기업 가치 예상은 장기 보유하고 싶은 기업의 주식을 현시점에서 저가인지 고가인지 판단하기 위한 모델.

기업의 유형별 분석 방법

//

▶ **기업 유형에 따라 주목해야 할 것이 다르다**

이번 장에서 살펴본 것은 주로 테크놀로지 관련 주식으로 거의 대형 성장주였다. 우리에게 잘 알려진 종목도 대개 성장주다. 하지만 성장주에 속한 것은 시장의 아주 일부, 많게 어림잡아도 20% 정도다.

소수파임에도 성장주가 이목을 끄는 이유는 다음과 같다.

1. 업적의 성장률이 높아서 그만큼 주가가 쉽게 성장한다.

2. 다른 유형의 주식보다 예상 변동률이 높은 것이 많아서 그만큼 화제가 되기 쉽다.

이런 까닭으로 미국 주식의 대부분이 성장주라는 착각에 빠질 수 있는데, 어디까지나 하나의 유형일 뿐이다. 실제로는 좀더 여러 가지 유형이 있고, 각각 많은 주식이 있다.

기업 유형의 특징에 따라 분석에서 주목해야 할 점이 바뀐다. 이번 장의 마지막에 간단히 소개해 둔다.

다만 유형별로 분석하는 방법은 상당히 깊은 내용이 될 것이다. 그리고 실제로 갑자기 성장주 이외에 투자하겠다는 사람은 많지 않을 것이다.

"앞으로 미국 주식에 투자를 시작해 봅시다"라는 사람에게는 불필요한 정보가 많으므로 자세한 내용은 내 유튜브나 세미나 등에서 보충하겠다.

친숙한 성장주에 어떤 기업 유형이 있는지, 자신이 알고 있는 회사가 어느 유형으로 분류되는지, 모든 기업에 성장주 분석이 해당하지 않는다는 것을 그림 3-32에서 알아두자. 이것만으로도 기업 분석을 깊이 이해할 수 있다.

 성장주(Growth=고성장주)

성장주는 이름 그대로 업적의 급성장(Growth)이 전망되는 주식이다.

그림 3-32: 기업 유형별 분석

기업 유형	대표적인 회사	섹터	대표적인 ETF	Koyfin 모델에서 봐야 할 정보	분석
고성장주 (Growth)	NVDA, TSLA, U, DDOG, SNOW, MDB	테크놀로지 바이오테크놀로지	ARKK, XLK, IBB	매출 증가 마진 캐시 번레이트	업적 예상 장기 성장률
저가격주 (Value)	JPM, XOM, CVX, BAC, VZ, GS, T, JNJ, CSCO, CAT, DE	자본재 금융 에너지 테크놀로지 텔레컴	NOBL, XLF, XRT, XLE	배당금 PBR	상대비교 자산가치분석
강자 (Stalwarts)	KO, PG, NKE, COST, HD	생활필수품 헬스케어	XLV, XLP	PER 배당금	절대비교
경기순환주 (Cyclicals)	GM, AAL, FCX, HD, TOL, BA	자동차 항공 에너지 자원재 주택건설 반도체 소매	XLE, XLI, XLY, XLB, XOP, XHB, VNQ, XME, SMH, SOX	재고 PER 마이크로	경기 동향
역전주 (Turnaround)	F, CSCO, NFLX, META			조직재편계획	업적 예상
자산주 (Asset Play)	MCD, BAC, SPG, EQR	금융 REIT(부동산 투자신탁) 소매	XLF, IYR, XRT, KRE, KBE	PBR PER	자산가치분석

매출은 매년 50%, 100%로 성장해도 이익이 나지 않는 기업도 많다. 아직 이익이 나지 않는 경우는 매출의 성장률에 수반해 이익이 날 때까지 앞으로 몇 년 걸릴지, 그 사이에 현금은 충분한지, 그런 시점에서 확실히 분석한 뒤에 투자 판단을 하자.

▶ 가치주(Value=저가격주, 저가주)

가치주는 성장주(고성장주)의 반대말로 파악하지만, 저성장인 것은 아니다. 가치주의 정의는 **실제 가치보다 낮은 가격으로 거래되는 주식이라는 의미**다. 따라서 저가주라는 말이 알맞다. **가치주의 대표적인 업계는 금융과 에너지**다. 이 두 업계는 아무리 업적이 성장하는 시기라도(가령 에너지 주식인 CVX의 업적은 2022년에 130% 성장했다) 그 P/E가 S&P500의 평균보다 높아지는 일은 거의 없다.

그리고 타이밍에 따라서는 기업이 가진 자산 가치보다 낮은 주가로 거래될 때가 있다. 자산가치란 그 기업의 토지, 점포, 재고, 공장이나 기계, 유가증권, 현금, 페이턴트(특허권) 등 팔리는 자산을 전부 매각했을 때의 총액이다.

가령 오늘 기업 활동을 관둔다고 해도 남는 가치를 말한다. **그 자산 가치가 기업의 시가총액보다 높은 경우 주식을 사서 수익을 낼 확률은 상당히 높아진다.**

이것은 투자를 시작했을 무렵 워런 버핏이 잘했던 **담배꽁초 주식 투자**다. 자산 가치와 시가총액의 차액을 워런 버핏의 스승인 벤저민 그레이엄(Benjamin Graham)은 Margin of Safety(안전 마진)이라고 불렀다. 즉 **가치주 투자란 이 안전 마진이 플러스인 기업을 찾아서 투자하는 것이 가장 고전적인 해석**이다. 다만 안전 마진이 플러스가 되는 것은 미국 주식에서는 좀처럼 없는 일이다. 그래서 최근에는 안전 마진이 플러스가 아니라도 P/E가 15 이하인 주식을 가치주라고 부르는 경향이 있다.

가치주에서는 성장주 같은 업적의 성장률은 나중 문제다. 그것보다도 자산 가치의 분석이나 배당금의 확실성, 밸런스 시트상에서 정당하게 평가되지 않는 숨겨진 자산 가치를 어떻게 찾아내는가 하는 부분이 핵심이 된다.

▶ 강자(Stalwarts)

성장률이 낮음에도(GDP 성장률과 거의 비슷) 브랜드력이 매우 강하고, 마진이나 ROE가 높고, 프리 캐시플로가 풍부한 기업이 있다. 이것을 Stalwarts 혹은 CashCow(돈을 낳는 소)라고 부른다. 그런 **기업은 P/E가 상당히 높다. 가령 나이키(NIKE)나 코카콜라 등 누구나 아는 브랜드 기업이 이에 해당한다.** 애플이나 아마존은 이미 성장주라기보다 이 강자 틀에 속하지 않을까 싶다.

강자의 분석에서는 풍부한 프리 캐시플로를 주주에게 얼마나 환산할 수 있는지에 주목한다. 기업에 따라 마진이나 ROE 등이 상당히 다르므로 자사의 과거 P/E의 수준과 비교해서 저가인지 고가인지 비교하는 절대 비교가 중요하다.

▶ 경기순환주(Cyclicals, 시크리컬)

경기순환주는 경기의 동향에 매우 민감하게 좌우된다. 경기가 좋을 때는 업적이 배가 되고, 경기가 안 좋으면 손실을 내기도 한다. 말하자면 흥망성쇠가 심한 업계의 주식이다. 경기만이 아니라 금리에 심하게 좌우되는 업계도 경기순환주로 분류된다.

대표적으로 중공기계나 비행기를 제조하는 기업, 주택 건설, 주택 금융 등에 관련된 산업, 그런 산업에 원재료를 공급하는 기업이 있다. 반도체 제조회사의 대부분도 경기순환주로 분류된다(엔비디아처럼 성장주로 분류되는 기업은 예외).

경기순환주가 가장 강한 것은 앞으로 경기가 좋아질 때, 즉 불경기의 바닥에서 경기가 오르는 타이밍이다. 그때 경기순환주의 가격은 전부 가치주 수준이 되는 일이 많으므로 그때부터 경기가 회복하면 한꺼번에 성장한다. 즉 경기순환주 투자에는 거시 분석이 매우 중요시된다.

▶ 역전주(Turn Around)

무언가 큰 실패나 사건이 있어서 **주가가 현저히 떨어진 기업이 그 문제를 해결하고 불사신처럼 소생하는 일을 기대하는 것**이다. 2021년 말 시세의 절정에서 메타버스(인터넷상의 3차원 가상공간)에 크게 투자하며 사명까지 바꾼 전 페이스북(현 메타)이 좋은 예시다.

장래성을 별로 기대할 수 없는 기업 전략의 방향 전환과 안 좋은 시세가 겹쳐서 메타 주가가 2022년에 급락한 것은 기억이 생생하다. 2014년에는 50 이상이었던 P/E가 12.6까지 떨어졌다. 그리고 2022년 10월 무렵 대주주인 헤지펀드 매니저 브래드 거스너(Brad Gerstner)가 메타의 CEO인 마크 저커버그에게 공개 레터를 보내 비용 절감을 권했다. 딱 그 무렵에 주가도 바닥으로 내려갔고, 메타의 주식은 그로부터 1년 반 만에 약 5배가 되었다. 그야말로 대역전이다.

넷플릭스의 주가도 코로나 후의 수요 정체와 경영 문제로 한 번 땅으로 떨어졌다가 이후 경영진의 지휘로 부활했다. 그 외에 비행기나 자동차 산업, 전력회사 등 일단 파산한 뒤에 새로운 기업으로 재출발할 때 그 성공에 거는 것도 역전주 투자다.

어쨌든 조직 재편 계획의 분석이나 업무 예상에 따라 그대로 저조한 상태가 지속될지, 한방에 역전을 하는지 지켜보려면 상당한 분별력이 필요하다.

자산주(Asset Play)

가치주 중 특수한 유형이다.

가령 소매점에서 미국에 있는 점포(토지)를 기업 자산으로 가지고 있는 회사가 있다고 하자. 그 토지는 취득 단가의 가치(토지를 구매했을 때의 가격)로 밸런스 시트에 실려 있다. 몇십 년이나 그 토지를 소유하고 있으면, 그 토지의 가치는 밸런스 시트에 실린 가치보다 훨씬 높아질 가능성이 크다. 그 경우 P/BV와 주가를 비교해도 저가로 보이지 않는다. 이런 기업을 발견해서 주식을 대량으로 매수하고, 특히 토지의 이익 가능성이 높은 점포의 문을 닫고 토지를 팔도록 추천하는 액티비스트 투자자가 있다.

은행 등도 그 대상이 된다. 은행의 경우는 점포가 있는 토지가 아니라 예금이다. 예금은 밸런스 시트상에는 은행의 부채, 즉 빚이지만, 이것이 프리미엄으로 팔린다.

이 정도로 듣고 이해가 딱 되는 사람 이외에는 이 자산주는 시야에 넣지 않는 편이 무난하다. 금융이든 부동산이든 업계 지식이 기초로 깔린 다음에 상당한 시간을 들여 정성을 다해 분석할 필요가 있다. 웬만큼 그 업계에 정통한 사람이 아닌 한 취미로 투자를 하고 싶은 개인에게는 맞지 않을 것이다.

★ **기업 유형별 분석법** ★

· 기업의 유형에 따라서 추가로 봐야 할 정보가 다르다. 성장주는 업적 예상, 장기 성장률. 가치주는 상대 비교, 자산가치 분석. 강자주는 절대 비교. 경기순환주는 경기 동향. 역전주는 업적 예상. 자산주는 자산가치 분석.

〈결산 데이터를 취득한다〉

업적 예상 모델을 만드는 첫걸음은 결산 데이터를 얻는 일이다. 예를 들어 애플이라면 공식 웹사이트의 About Apple의 Newsroom에 들어가 Earnings로 검색하면 결산 보도자료(Apple reports fourth quarter results 등)가 나온다. 클릭하면 아래쪽에 Consolidated Financial Statements가 있다. 그 View PDF를 클릭하면 다운로드할 수 있다.

다운로드한 결산 PDF는 다음과 같다. 모델과 비교해 보기 바란다. 다소 순서가 바뀌어 있지만, 모든 항목이 결산서에 나온 항목과 같다. 이것이 중요하다.

애플의 결산 PDF

Apple Inc.
CONDENSED CONSOLIDATED STATEMENTS OF OPERATIONS (Unaudited)
(In millions, except number of shares, which are reflected in thousands, and per-share amounts)

	Three Months Ended		Twelve Months Ended	
	September 30, 2023	September 24, 2022	September 30, 2023	September 24, 2022
Net sales:				
Products	$ 67,184	$ 70,958	$ 298,085	$ 316,199
Services	22,314	19,188	85,200	78,129
Total net sales	89,498	90,146	383,285	394,328
Cost of sales:				
Products	42,586	46,387	189,282	201,471
Services	6,485	5,664	24,855	22,075
Total cost of sales	49,071	52,061	214,137	223,546
Gross margin	40,427	38,095	169,148	170,782
Operating expenses:				
Research and development	7,307	6,761	29,915	26,251
Selling, general and administrative	6,151	6,440	24,932	25,094
Total operating expenses	13,458	13,201	54,847	51,345
Operating income	26,969	24,894	114,301	119,437
Other income/(expense), net	29	(237)	(565)	(334)
Income before provision for income taxes	26,998	24,657	113,736	119,103
Provision for income taxes	4,042	3,936	16,741	19,300
Net income	$ 22,956	$ 20,721	$ 96,995	$ 99,803
Earnings per share:				
Basic	$ 1.47	$ 1.29	$ 6.16	$ 6.15
Diluted	$ 1.46	$ 1.29	$ 6.13	$ 6.11
Shares used in computing earnings per share:				
Basic	15,599,434	16,030,382	15,744,231	16,215,963
Diluted	15,672,400	16,118,465	15,812,547	16,325,819
Net sales by reportable segment:				
Americas	$ 40,115	$ 39,808	$ 162,560	$ 169,658
Europe	22,463	22,795	94,294	95,118
Greater China	15,084	15,470	72,559	74,200
Japan	5,505	5,700	24,257	25,977
Rest of Asia Pacific	6,331	6,373	29,615	29,375
Total net sales	$ 89,498	$ 90,146	$ 383,285	$ 394,328
Net sales by category:				
iPhone	$ 43,805	$ 42,626	$ 200,583	$ 205,489
Mac	7,614	11,508	29,357	40,177
iPad	6,443	7,174	28,300	29,292
Wearables, Home and Accessories	9,322	9,650	39,845	41,241
Services	22,314	19,188	85,200	78,129
Total net sales	$ 89,498	$ 90,146	$ 383,285	$ 394,328

애플처럼 결산서가 PDF로 보도자료와 별개로 다운로드할 수 있는 기업도 있고, 보도자료 중에 직접 데이터가 들어 있는 기업도 있다.
엔비디아의 경우는 많은 결산 데이터를 분기마다 다운로드할 수 있어 편리하다.

엔비디아의 IR 사이트

업적 예상 모델

그림 3-33: 업적 예상 모델 Earnings Model 애플

Apple Inc.
AAPL
$ in millions
1월 31일 시점의 데이터와 예상

	2021 Q4	2022 Q1	2022 Q2	2022 Q3	2022 Q4	2023 Q1	2023 Q2
Profit & Loss							
Products	104,429	77,457	63,355	70,958	96,388	73,929	60,584
Services	19,516	19,821	19,604	19,188	20,766	20,907	21,213
Total Net Sales	123,945	97,278	82,959	90,146	117,154	94,836	81,797
Cost of Products	64,309	49,290	41,485	46,387	60,765	46,795	39,136
Cost of Service	5,393	5,429	5,589	5,664	6,057	6,065	6,248
Gross Profit	54,243	42,559	35,885	38,095	50,332	41,976	36,413
R&D	6,306	6,387	6,797	6,761	7,709	7,457	7,442
SG&A	6,449	6,193	6,012	6,440	6,607	6,201	5,973
Op EX	12,755	12,580	12,809	13,201	14,316	13,658	13,415
EBIT	41,488	29,979	23,076	24,894	36,016	28,318	22,998
Other (Exp) Income	247	160	10	237	393	64	265
Pre-tax Income	41,241	30,139	23,066	24,657	35,623	28,382	22,733
Tax Expense (Benefit)	6,611	5,129	3,624	3,936	5,625	4,222	2,852
Tax Rate	16.0%	17.0%	15.7%	16.0%	15.8%	14.9%	12.5%
Net Income	34,630	25,010	19,442	20,721	29,998	24,160	19,881
Profitability:							
Gross Margin (Products)	38.4%	36.4%	34.5%	34.6%	37.0%	36.7%	35.4%
Gross Margin (Servides)	72.4%	72.6%	71.5%	70.5%	70.8%	71.0%	70.5%
Gross Margin (Total)	43.8%	43.7%	43.3%	42.3%	43.0%	44.3%	44.5%
Operating Margin	39.7%	38.7%	36.4%	35.1%	37.4%	38.3%	38.0%
Pre-Tax Margin	39.5%	38.9%	36.4%	34.7%	37.0%	38.4%	37.5%
Revenue Detail							
Americas	51,496	40,882	37,472	39,808	49,278	37,784	35,383
Europe	29,749	23,287	19,287	22,795	27,681	23,945	20,205
Greater China	25,783	18,343	14,604	15,470	23,905	17,812	15,758
Japan	7,107	7,724	5,446	5,700	6,755	7,176	4,821
Rest of Asia Pacific	9,810	7,042	6,150	6,373	9,535	8,119	5,630
Total Revenue	123,945	97,278	82,959	90,146	94,836	94,836	81,797
iPhone	71,628	50,570	40,665	42,626	65,775	51,334	39,669
Mac	10,852	10,435	7,382	11,508	7,735	7,168	6,840
iPad	7,248	7,646	7,224	7,174	9,396	6,670	5,791
Wearables, Home & Accessaries	14,701	8,806	8,084	9,650	13,482	8,757	8,284
Services	19,516	19,821	19,604	19,188	20,766	20,907	21,213
Total Revenue	123,945	97,278	82,959	90,146	117,154	94,836	81,797
Common Share Statistics:							
EPS	2.10	1.52	1.20	1.29	1.88	1.52	1.26
Average Shares O/S - Diluted	16,519	16,403	16,262	16,118	15,956	15,847	15,775
Consensus Estimates							
Consensus EPS Before Reporting	1.89	1.43	1.16	1.27	1.95	1.43	1.19
Consensus Beat (Miss)	0.21	0.09	0.04	0.02	0.07	0.09	0.07
Consensus Rev Before Reporting	118,580	94,000	82,970	88,770	121,670	92,840	81,800
Consensus Beat (Miss)	5,365	3,278	11	1,376	4,516	1,996	3
Note:							
Quarter Ends on	2021/12/25	2022/3/26	2022/6/25	2022/9/24	2022/12/31	2023/3/25	2023/6/24
Earnings Release Date	2022/1/27	2022/4/28	2022/7/28	2022/10/27	2023/2/2	2023/5/4	2023/8/3

※ 이 모델을 이용해서 각사의 업적 예상을 세울 수 있다 . 내용은 166쪽

	L	M	N	O	P	Q	R	S	T	U

2023 Q3	2023 Q4E		2022 FY	2023 FY	2024E FY	MRQ %YoY	EstQ %YoY	MRY %YoY	EstY %YoY
67,184	93,496		316,199	298,085	305,537	-5%	-3%	-6%	2%
22,314	24,089		78,129	85,200	93,720	16%	16%	9%	10%
89,498	117,585		394,328	383,285	399,257	-1%	0%	-3%	4%
42,586	57,313		201,471	189,282	194,014	-8%	-6%	-6%	2%
6,485	6,745		22,075	24,855	25,352	14%	11%	13%	2%
40,427	53,527		170,782	169,148	179,891	6%	6%	-1%	6%
7,307	8,100		26,251	29,915	32,607	8%	5%	14%	9%
6,151	7,000		25,094	24,932	27,176	-4%	6%	-1%	9%
13,458	15,100		51,345	54,847	59,783	2%	5%	7%	9%
26,969	38,427		119,437	114,301	120,108	8%	7%	-4%	5%
29	-		334	565	565	-112%	-100%	69%	0%
26,998	38,427		119,103	113,736	119,543	9%	8%	-5%	5%
4,042	5,764		19,300	16,741	17,931	3%	2%	-13%	7%
15.0%	15.0%		16.2%	14.7%	15.0%	-6%	-5%	-9%	2%
22,956	32,663		99,803	96,995	101,611	11%	9%	-3%	5%
36.6%	38.7%		36.3%	36.5%	36.5%	6%	5%	1%	0%
70.9%	72.0%		71.7%	70.8%	72.9%	1%	2%	-1%	3%
45.2%	45.5%		43.3%	44.1%	45.1%	7%	6%	2%	2%
40.1%	41.1%		37.8%	38.3%	39.3%	14%	10%	2%	3%
40.2%	41.1%		37.7%	38.2%	39.1%	16%	11%	1%	3%
				-					
40,115	49,771		169,658	162,560	169,658	1%	1%	-4%	4%
22,463	27,681		95,118	94,294	97,020	-1%	0%	-1%	3%
15,084	23,905		74,200	72,559	75,684	-2%	0%	-2%	4%
5,505	6,755		25,977	24,257	26,497	-3%	0%	-7%	9%
6,331	9,473		29,375	29,615	30,398	-1%	-1%	1%	3%
89,498	117,585		394,328	383,285	399,257	-1%	0%	-3%	4%
43,805	65,135		205,489	200,583	210,612	3%	-1%	-2%	5%
7,614	6,962		40,177	29,357	27,889	-34%	-10%	-27%	-5%
6,443	8,456		29,292	28,300	26,885	-10%	-10%	-3%	-5%
9,322	12,943		41,241	39,845	40,151	-3%	-4%	-3%	1%
22,314	24,089		78,129	85,200	93,720	16%	16%	9%	10%
89,498	117,585		394,328	383,285	399,257	-1%	0%	-3%	4%
1.46	2.11		6.11	6.13	6.62	14%	12%	0%	8%
15,672	15,516		16,326	15,813	15,338	-3%	-3%	-3%	-3%
1.39	2.10		5.75	5.96	6.58	9%	8%	4%	10%
0.07	0.01		0.35	0.17	0.24	381%	-107%	-52%	44%
89,370	118,116		384,320	385,680	397,178	1%	-3%	0%	3%
128	(531)		10,008	2,395	1,590	-91%	-88%	-124%	-166%
2023/9/30	2024/12/28		2022/9/24	2023/9/30	2024/9/28				
2023/11/2	2024/2/1		2022/10/27	2023/11/2	2024/11/1				

〈데이터를 입력한다〉

결산 PDF를 취득했다면 그곳에서 숫자를 골라 모델에 입력해 간다. 이것이 기본적인 작업이다.

애플, 엔비디아, 몽고DB, 앨버말의 4개사는 내가 과거 수치를 입력해 두었다. 이것 이상의 기업을 분석하는 경우 비슷한 기업 유형을 골라서 결산서에 맞춰 항목을 조정하고 과거 데이터를 입력하자. 이후는 애플의 예시로 설명하겠다.

186쪽 그림 3-33의 가장 위에 있는 '2023 Q4E' '2023 FY' 등은 회계연도다.

애플의 회계연도는 매년 9월 마지막 토요일에 끝나는데, 회계연도는 10월부터 12월까지 캘린더 제4분기(Q4)에 시작해 7월부터 9월까지 제3분기(Q3)에 끝난다. 알기 쉽도록 엑셀에서는 연도별로 색상을 달리해 구분한다.

참고로 **'2023 Q4E'의 Q는 Quarter(분기), E는 Estimates(예상), '2023 FY'의 FY는 Fiscal Year(회계연도)의 약자**다.

그런데 엑셀의 모델을 열면 숫자가 두 가지 색으로 되어 있는 것을 알 수 있는가? 이것은 애널리스트가 자주 사용하는 약간의 요령으로 **파란** 숫자는 자신이 입력하는 숫자, 검은 숫자는 수식에 따라 계산되는 결과다. 모델을 업데이트할 때 매우 편리하다.

⟨모델의 입력 항목⟩

모델의 최초 섹션은 Profit&Loss(P&L=손익계산서)를 입력한다. 여기가 가장 중요하다. 결산 후에 주가가 어떻게 움직이는지, 장기적으로도 주식이 성장하는지 거의 전부가 여기에 관련되어 있다.

그림 3-33: 애플의 Earnings Model / P&L의 부분

	2022 Q4	2023 Q1	2023 Q2	2023 Q3	2023 Q4E	2022 FY	2023 FY	2024E FY	MRQ %YoY	EstQ %YoY	MRY %YoY	EstY %YoY
Apple Inc.												
AAPL												
$ in millions												
1월 31일 시점의 데이터와 예상												
Profit & Loss												
Products	96,388	73,929	60,584	67,184	93,496	316,199	298,085	305,537	-5%	-3%	-6%	2%
Services	20,766	20,907	21,213	22,314	24,089	78,129	85,200	93,720	16%	16%	9%	10%
Total Net Sales	117,154	94,836	81,797	89,498	117,585	394,328	383,285	399,257	-1%	0%	-3%	4%
Cost of Products	60,765	46,795	39,136	42,586	57,313	201,471	189,282	194,014	-8%	-6%	-6%	2%
Cost of Service	6,057	46,795	6,248	6,485	6,745	22,075	24,855	25,352	14%	11%	13%	2%
Gross Profit	50,332	41,976	36,413	40,437	53,527	170,782	169,148	179,891	6%	6%	-1%	6%
R&D	7,709	7,457	7,442	7,307	8,100	26,251	29,915	32,607	8%	5%	14%	9%
SG&A	6,607	6,201	5,973	6,151	7,000	25,094	24,932	27,176	-4%	0%	-1%	9%
Op EX	14,316	13,658	13,415	13,458	15,100	51,345	54,847	59,783	2%	5%	7%	9%
EBIT	36,016	28,318	22,998	26,969	38,427	119,437	114,301	120,108	8%	7%	-4%	5%
Other (Exp) Income	(393)	64	(265)	29		(334)	(565)	(565)	-112%	-100%	69%	0%
Pre-tax Income	35,623	28,382	22,733	26,998	38,427	119,103	113,736	119,543	9%	8%	-5%	5%
Tax Expense (Benefit)	5,625	4,222	2,852	4,042	5,764	19,300	16,741	17,931	3%	2%	-13%	7%
Tax Rate	15.8%	14.9%	12.5%	15.0%	15.0%	16.2%	14.7%	15.0%	-6%	-5%	-9%	2%
Net Income	29,998	24,160	19,881	22,956	32,663	99,803	96,995	101,611	11%	9%	-3%	5%

⟨그 외의 데이터⟩

P&L의 다음은 각종 마진(Profitability), 매출의 상세 데이터(Revenue Detail), 주당이익(EPS), 그리고 컨센서스 예상(Consensus Estimates)을 입력한다.

컨센서스 예상은 Koyfin의 Analysts Estimates-Actual and Consensus를 보면 알 수 있다.

그림 3-34: 애플의 컨센서스 예상 / 매출

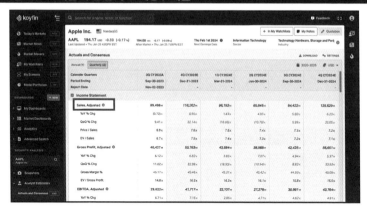

그림 3-35: 애플의 컨센서스 예상 / EPS

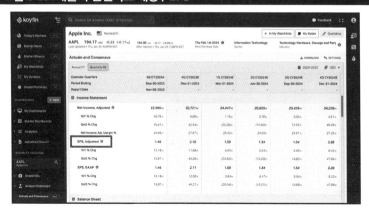

출처: Koyfin

애플의 경우 최저 필요한 데이터는 이상이다.

〈EPS의 예상을 세운다〉

드디어 EPS의 예상을 세우는 방법이다.

예시로 보는 애플의 모델에서는 2023년 12월 30일에 끝나는 2024년도 제1분기(2023 Q4E)의 P&L[열M]과 2024년 9월 28일에 끝나는 2024년도(2024 FY)의 P&L[열Q]이 내가 예상한 수치다.

2024 Q4의 내 예상은 $2.11[M44 셀], 컨센서스는 $2.10[M47 셀]. 2024 FY의 내 예상은 $6.62[Q44 셀], 컨센서스는 $6.56[Q47]이다. 매우 근접한 수치가 되어 있다.

왜냐면 내 예상도 컨센서스도 애플이 내는 매출과 이익의 가이던스를 토대로 한 것이기 때문이다.

애플은 그렇게 확실한 결산 가이던스는 내고 있지 않지만, 2024년도 제1분기는 'Sales(매출)는 작년 같은 분기와 비슷한 정도' 'Gross Margin(영업 이익)은 45~46% 정도'라는 식의 가이던스를 지난 분기 결산 설명의 자리(Conference Call=컨퍼런스 콜이라고 한다)에서 공표했다.

이런 가이던스는 엔비디아처럼 매번 확실히 보도자료에 쓰는 기업도 있고, 컨퍼런스 콜 같은 자리에서 애널리스트에게 질문을 받아야 슬쩍 암시하는 기업도 있어서 일괄적으로 말할 수는 없지만, 인터넷에서 Apple Earnings Guidance라고 검색해 보기 바란다. 대부분 나온다.

그런데 2024년 제1분기(모델에서는 2023 Q4E)의 예상을 세우면서 나는 애플에 따른 'Sales는 작년 같은 분기(2022 Q4)와 비슷한 정도'라는 가이던스를 바탕으로 먼저 Revenue[M11 셀]의 예측값을 넣었다. [M11]은 제품 매출[M9]와 서비스 매출[M10]의 합계이므로 실제로는 최근 트렌드를 따라 제품의 매출을 작년보다 3% 낮추고, 서비스 매출을 16% 올려서 매출의 합계가 작년과 '비슷한 정도'가 되도록 조절했다.

[M11 셀]에 작은 삼각표가 붙어 있는 것이 보이는가? 이것은 나중에 알 수 있도록 내가 애플의 가이던스를 메모로 첨부한 표시다. 마찬가지로 [M27 셀]에도 삼각표가 있는데, 그곳은 'Gross Margin은 45~46% 정도'라는 가이던스를 메모했다.

다음으로 그런 숫자를 이용해 지역별, 제품별 매출의 상세를 예상했다[M31부터 M42 셀]. 그것도 'Sales는 작년 같은 분기(2022 Q4)와 비슷한 정도'라는 가이던스를 바탕으로 했다. 검은 글씨인 합계에는 입력하지 않고, **파란** 글씨인 각 항목을 과거의 트렌드에 첨부해 예상했다.

이때 **과거 성장률의 트렌드와 가이던스를 달성하기 위해 필요한 성장률을 비교한다.** 구체적으로는 [열R]과 [열S]를 비교한다. 이러면 애플의 가이던스가 간단히 달성될지 어떻게 생각해도 어려울지 감이 잡힌다.

다음으로 마진의 가이던스와 과거 마진의 데이터를 이용해 경비를 예상한다[M12부터 M16 셀]. [M25]부터 [M29]의 검은 글자의 마진 숫자를 보면서 [M12, 13, 15, 16]의 숫자를 조정한다.

세율(Tax Rate)에 대한 가이던스는 없으므로 최근 분기 것이나 과거 평균을 이용해도 된다. 나는 최근 분기인 15%로 했다[M22 셀].

마지막으로 총주식수인데, 애플은 자사주 매수를 해서 매년 3% 정도 주식수가 줄어든다는 과거 실적이 있으므로 나는 최근 분기부터 1% 줄인 숫자로 했다[M45 셀].

이것으로 모델 작성은 끝이다. 다시금 자신의 EPS 예상[M44 셀]과 컨센서스의 EPS 예상[M47 셀]을 비교해 본다.

그리고 과거의 결산에서 실제 숫자가 애널리스트들의 컨센서스와 어느 정도 차이에서 웃도는지 보고, 조금 매출을 증가해 보거나 마진값을 올려서 상승할 가능성이나 그 반대(upside, downside라고 한다)의 검증을 해서 **"이것으로 괜찮습니다"라고 만족할 수 있는 숫자가 나올 때까지 미세 조정**한다.

2024년도(2024 FY)의 예상은 2022년도(2022 FY)와 2023년도(2023 FY)의 데이터에서 생각해 본다. 분기의 업적 예상을 한 순서와 같다. 스스로도 만들어보기 바란다.

〈결산이 나오면 업데이트한다〉

결산이 발표되면 또 결산 PDF를 다운로드해서 자신의 예상치와 비교하면서 실제 숫자를 입력한다. 이 답 맞추기는 매우 재밌다. 동시에 **결산 결과에 따라 주가가 어떻게 움직이는지도 차트로 확인**해 보자.

그리고 새로운 가이던스가 나오면 그것을 기초로 해서 다음 분기의 예상을 세운다.

이 과정을 반복하면 점점 업적 예상의 정밀도가 올라간다. 그런 예상이 시장에 이미 반영되어 있는지의 여부에 따라 주가의 향후 방향도 자기 나름대로 예측할 수 있다. 그래도 맞추는 것은 어렵지만, 이 분석을 게을리하는 전문가는 없다. 열심히 하자!

기업 가치의 예상 모델의 사용법

(내용은 176쪽)

그림 3-36: 기업 가치의 예상 모델-애플

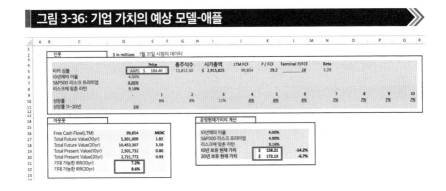

위의 인풋 틀 안의 파란 숫자(엑셀 파일을 열면 파란 글자가 보인다)를 교체하기만 해도 현재의 공정 가치(Fair Value)를 시산(試算)할 수 있다.

〈데이터를 인풋한다〉

인풋하는 데이터를 어디에서 찾아와야 할까? S&P500에 들어 있는 기업이라면 무료판 Koyfin에 실려 있다. S&P500에 들어 있지 않은 경우는 Koyfin에 돈을 내거나 Yahoo! 파이낸스 등의 정보 사이트에서 찾을 필요가 있다. 하지만 먼저 S&P500에 들어 있는 주식을 분석한다고 생각하므로 여기에서는 Koyfin에서 데이터를 찾으면서 입력해 보자.

먼저 기업의 티커 심볼을 찾는다[D5 셀]. 코이핀에서는 검색 박스에서 기업명을 타이프하면 내온다.

주가(Price)[E5 셀]는 Koyfin에 티커 심볼을 넣고, Overview 탭을 고르면 위에 굵은 글씨로 나와 있다.

그림 3-37: Koyfin의 Overview 화면

총주식수[G5 셀]는 희석화 발행가중유통주식수(Diluted Weighted Average Shares Outstanding)라는 것을 사용한다. Financial Analysis 중에 있는 Income Statement 탭을 보자. 스크롤해서 Per Share Items의 중앙 부근에 있는 Diluted Weighted Average Shares Outstanding, 그 Current/LTM(최근 12개월)의 숫자를 입력한다.

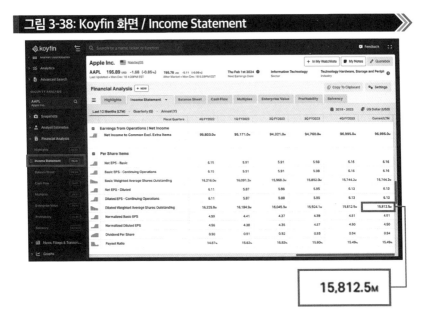

그림 3-38: Koyfin 화면 / Income Statement

프리 캐시플로(FCF)[J5 셀]는 같은 Financial Analysis 중의 Cash Flow의 탭을 본다. 아래부터 스크롤하면 Supplemental Items의 가장 위에 Free Cash Flow가 있다. 역시 Current/LTM의 숫자를 입력한다.

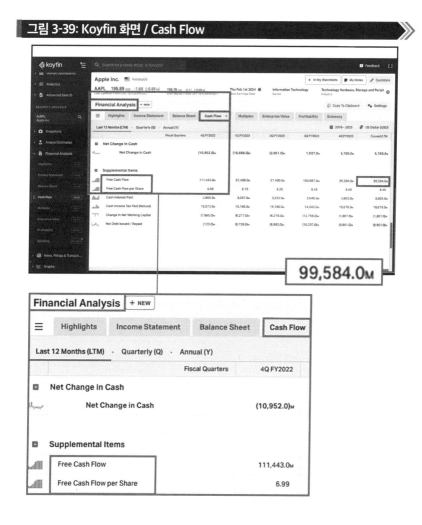

그림 3-39: Koyfin 화면 / Cash Flow

현재 가치를 산출하려면 금리가 필요하다. 여기에서 기초로 할 것은 미국 국채(10년채)의 금리다.

어째서 갑자기 채권이 등장하느냐면 주식을 매수한다는 리스크를 무릅쓰는 이상, 리스크가 없는 것보다 높은 리턴을 기대할 것이다. 그 리스크가 없는 것의 대표로 10년채(환율 리스크는 고려 제외)의 금리를 이용하는 것이 일반적이다.

이 금리는 Koyfin의 톱페이지, Today's Markets의 한가운데 아래, Global Yields에 게재되어 있다. 가장 위의 United States 10Y의 데이터를 10년채의 이율[D6의 셀]에 입력한다.

그림 3-40: Koyfin 화면 / Today's Markets

다음으로 주식 베타(Beta)를 입력한다. 이 모델은 CAPM(Capital Asset Pricing Model)이라는 금융 개념에 따라 Risk Adjusted Return(리스크에 맞춘 리턴)을 계산하고 그 비율로 미래의 캐시플로를 현재 가치로 환산한다. 그래서 베타가 필요하다. 베타는 Koyfin의 Overview 페이지에서 오른쪽 위에 있다. 이 데이터를 [N5]에 입력한다.

그림 3-41: Koyfin 화면 / Beta

CAPM ▷ Capital Asset Pricing Model. 자본자산가치 모델. 특정 주식이 가진 베타값에서 그 종목에 투자하는 투자자가 어느 정도의 수익을 기대하는지를 관련지은 것.

이 모델에는 최초 3년간의 컨센서스 EPS 성장률을 이용해 FCF의 성장률로 대체하므로 그 데이터도 필요하다. 이것은 Koyfin의 Analyst Estimates 중의 Estimates Overview의 오른쪽 위 상자(Earnings Matrix-Reported Estimates)의 가장 아래 Growth의 3년분 숫자를 이용한다(이 경우 FY2024, 2025, 2026). 이 데이터는 셀 [E10, G10, I10]에 입력한다.

그림 3-42: Koyfin 화면 / Estimates Overview

코이핀(Koyfin)에서 얻는 데이터는 이상이다. 나머지는 자신의 예상으로 넣는 수치다. 자신의 예상으로 넣는 수치는 Excel에서는 이탤릭·볼드·언더라인으로 표시하고 있다. 다양하게 바꾸면서 그 결과로 산출되는 현재 가치와 대조해 본다.

그림 3-43: 기업 가치의 예상 모델 인풋

인풋 $ in millions 1월 31일 시점의 데이터

		Price	총주식수	시가총액	LTM FCF	P / FCF	Terminal P/FCF	Beta			
티커 심볼	AAPL	$ 184.40	15,812.50	$ 2,915,825	99,854	29.2	18	1.29			
10년채의 이율	4.00%										
S&P500 리스크 프리미엄	4.00%										
리스크에 맞춘 리턴	9.16%										
	-	1	2	3	4	5	6	7	8	9	10
성장률		8%	8%	11%	8%	8%	8%	7%	7%	7%	7%
성장률 11~20년	5%										

자신의 재량으로 넣는 예상 데이터의 맨 처음은 S&P500 리스크 프리미엄[D7의 셀]. 이것은 S&P500 지수의 장기 리턴과 미국 10년채 금리와의 차이다. 즉 리스크 프리인 국채가 아니라 일부러 주식에 투자하는 리스크에 걸맞은 리턴이다. 역사적으로 이 리스크 프리미엄은 3~7% 사이의 추이를 보였다. 이 모델에서는 4%를 이용하고 있다. 스스로 숫자를 바꿔서 결과가 어떻게 바뀌는지 검증하기 바란다.

그 바로 아래의 리스크에 맞는 리턴은 CAPM의 공식에 기초해서 10년채 금리와 S&P500 리스크 프리미엄과 Beta에 따라 계산된다. 그 계산식에 흥미가 있는 사람은 [D8]의 셀을 보자. 예상 변동률이 높은 주식일수록 이 리스크에 맞는 리턴은 높아진다.

참고로 이것은 매년 기대할 수 있는 리턴이 아니라 **10년, 20년 주식을 보유하는 경우의 연평균 리턴**이다. 즉 플러스가 되는 해도 있고, 마이너스가 되는 해도 있지만, 길게 가지고 있으면 연평균이 이 정도 올라갈 것이라는 기대치다.

다음에 성장률 [J10에서 Q10의 셀]에 프리 캐시플로의 예상 성장률을 입력한다. 이것은 자신이 생각하는 기업의 업적 성장이다. 이미 앞서 입력했듯이 맨 처음 1~3년은 컨센서스 EPS의 성장률로 대용한다.

3년째 이후는 자신의 추측이다. 미국의 평균 경제 성장률이 2%, 인플레이션이 2%라고 생각해서 합해서 4%를 베이스 성장으로 하고, 이 기업은 그것보다도 몇 % 성장할 수 있는지 생각해 보자. 적당히 해도 된다. 처음 1~3년의 컨센서스 EPS를 참고로 자기만의 값을 넣어 보자.

10~20년 후의 성장률[D10의 셀]이 되면 이제 누구도 알 수 없다. 그래서 나는 대개 4~5%로 해둔다.

마지막으로 주가÷프리 캐시플로의 배율(Terminal P/FCF)[L5 셀]이다. **이 모델은 10년 후, 20년 후에 주식을 파는 것을 가정해서 현재 가치를 계산한다. 그때 얼마에 팔 수 있는지 예상**하기 위한 값이다.

옆의 P/FCF [K5 셀]이 현재 배율이다. 일반적으로 장래 성장률은 지금보다 내려간다고 예상되므로 Terminal P/FCF는 지금의 P/FCF보다 낮은 숫자를 사용하는 것이 타당하다. 어느 정도 내려갈지는 느낌으로 한다. 이 모델에서는 현재의 P/FCF 배율의 약 60%를 사용한다. 최종적으로 나오는 현재 가치는 이 배율에 상당히 좌우되므로 여러 가지 숫자를 입력해서 시도해 보자.

여기까지 넣으면 결과가 표시된다. 가장 아래의 캐시플로 분석은 계산을 위한 것이므로 건드리지 않아도 된다.

〈공정현재가치의 계산〉

그림 3-44: 기업 가치의 예상 모델-애플

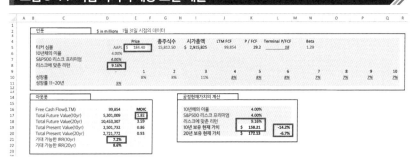

10년 보유의 현재 가치 [K19 셀]을 보자.

이 예시에서는 애플 주식을 10년간 보유하게 되어 연평균 약 9.16%의 리턴(리스크에 걸맞은 리턴)을 원하는 경우, 약 158.21달러 사용해도 괜찮다는 것이다. 2024년 1월 31일의 주가는 184.40달러였으므로 이 모델에 따르면 이때 애플은 14.2%의 프리미엄으로 거래되고 있다는 결과가 나온다. 하지만 20년 보유할 작정이라면 6.7%의 프리미엄이다.

시험 삼아 10년채의 금리 [D6 셀]을 바꿔서 보자. 금리가 1% 바뀌면 예상 주가가 어느 정도 바뀌는지 검증할 수 있다. 왜 금리가 주가에 직접 영향을 받는지 실감할 수 있을 것이다.

〈아웃풋〉

이 부분의 말을 간단히 설명해두겠다.

이 프리 캐시플로의 성장률[셀 E10에서 Q10]과 판매 시의 멀티플 (Terminal P/FCF: [셀 L5])의 경우 지금 애플의 주식을 184달러에 사면 기대할 수 있는 IRR(내부 수익률=Internal Rate of Return)는 10년에 7.2%[D21 셀]가 되어 투자자본배율(Multiple of Invested Capital, MOIC)은 1.82%배[E17 셀]이므로 10년 후에 자본은 약 1.8배가 된다는 결과다. 그렇게 생각하면 나쁘지 않다.

참고로 테슬라의 주식은 Beta가 높으므로(예상 변동률이 심하다) CAPM에 따른 리스크에 맞춘 리턴이 애플보다 훨씬 높아진다. 애플의 리스크에 맞춘 리턴은 9.16%였으나 테슬라는 13.28%다. 기대되는 리턴이 높은 만큼 현재 가치는 낮아진다.

따라서 테슬라의 경우 장기 성장률을 애플보다 높게 설정해도 지금의 주가는 공정현재가치의 약 31% 프리미엄으로 거래되고 있다는 계산이 된다. 아웃풋란의 기대할 수 있는 IRR과 MOIC는 Beta에 영향을 받지 않으므로 애플도 테슬라도 비슷한 한 자릿수 후반의 리턴을 기대할 수 있다는 계산이 되는데, 테슬라의 공정현재가치가 애플보다 훨씬 낮은 것은 테슬라가 예상 변동률이 높은, 즉 리스크가 크기 때문이다.

이 부분은 콘셉트가 어려우므로 조금 혼란스러울 수도 있는데, 차츰 세미나 등에서 자세히 설명해 갈 예정이다.

그림 3-45: 테슬라의 기업 가치 예상 모델

인풋	$ in millions	1월 3일 시점의 데이터								
		Price	총주식수	시가총액	LTM FCF	P / FCF	Terminal P/FCF	Beta		
티커 심볼	TSLA	$ 187.29	3,480.30	$ 651,825	4,358	149.6	90	2.32		
10년채의 이율	4.00%									
S&P500 리스크 프리미엄	4.00%									
리스크에 맞춘 리턴	13.28%									
		1	2	3	4	5	6	7	8	9	10
성장률		4%	40%	20%	15%	15%	10%	10%	8%	8%	8%
성장률 11~20년	8%									

아웃풋			공정현재가치의 계산		
Free Cash Flow(LTM)	4,358	MOIC	10년채의 이율		4.00%
Total Future Value(10yr)	1,484,834	2.28	S&P500 리스크 프리미엄		4.00%
Total Future Value(20yr)	2,556,772	3.92	리스크에 맞춘 리턴		13.28%
Total Present Value(10yr)	446,207	0.68	10년 보유 현재 가치	$ 128.21	-31.5%
Total Present Value(20yr)	264,910	0.41	20년 보유 현재 가치	$ 76.12	-59.4%
기대 가능한 IRR(10yr)	8.9%				
기대 가능한 IRR(20yr)	7.6%				

이제까지 어떠했는가? 스스로 숫자를 다뤄 보니 체감하는 부분이 많았을 것이다.

이 책의 콘셉트는 중장기 주식 상승에 따른 리턴을 얻는 것이다. 이 모델의 시산을 중장기적으로 가져야 할 주식인지 판단하는 재료의 하나로 삼길 바란다.

다만 이 결과는 자신이 넣은 프리 캐시플로의 성공률[셀 E10에서 Q10]과 팔 때의 멀티플(Terminal P/FCF: 셀 L5)에 따라 산출된 것으로 전부 예상을 바탕으로 한다. 어디까지나 기준으로 사용하자.

CHAPTER 4

매수 타이밍,
매도 타이밍
(기술적 분석)

기술적 분석 없이도 투자는
가능하지만, 하지 않는 것은 아쉽다

▶ **단기에 주가가 얼마나 움직이는지는
기술적 분석으로 결정된다**

기업 주식이든 섹터 ETF든 장기적으로 오를지 내려갈지의 방향은 거시 경제에서 80% 정해지고, 개별주는 각 기업의 업적도 영향을 준다. 하지만 **단기적으로 주식이 '얼마나 움직일지' 그 폭은 기술적 분석으로 예측**한다. 기술적 분석은 주가의 차트 분석을 말하며 매매하는 타이밍을 확인하기 위해 사용한다.

미국 주식·ETF 어느 쪽이든 사용할 수 있고, 국내 주식이나 환율 등 다른 투자에도 응용할 수 있다.

▶ **기본은 단기용이지만,
장기로 보유하는 경우에도 살 때 확인 필요**

기술적 분석으로 예측할 수 있는 것은 최장이라도 1~3개월 정도까지의 시세 변동이다.

1년 후, 5년, 10년 후의 장기 예측에는 도움이 되지 않는다.

사실 장기 보유를 전제로 기업 분석을 열심히 하는 사람 중에는 차트는 전혀 보지 않는다는 사람도 있고, 기본적 분석을 전문으로 하는 전문가는 기술적 분석을 중시하지 않는다. 기술적 분석 없어도 투자는 할 수 있지만, 눈앞에 간단히 이용할 수 있는 정보가 있는데 굳이 보지 않는 것은 아쉽다는 것이 내 생각이다.

장기 보유라도 역시 적당한 때 사는 편이 성공률이 올라간다.

잘못된 시기에 사면 주식은 좀처럼 오르지 않는다. 아무리 분석해도 자신의 주식을 보는 시점이 단기적으로 올바를 확률은 전문가라도 별로 높지 않다.

장기적으로 성장한다고 믿는 주식도 잘못된 타이밍에 사면 어째서인지 계속 내려가서 장기 보유를 한다기보다 하는 수 없이 묻어두는 상태가 될 수 있다.

장기 보유할 예정이라도 기술적 분석을 이용해 매수하는 순간의 현 상태를 봐야 승률이 올라간다.

▶ 좋은 지점에서 사면
그리 간단히 손절매 수준이 되지 않는다

또한 좋은 타이밍에 살 수 있다면 그때부터 크게 내려가서 손절매하는 처지가 되지 않는다.

물론 기술적 분석은 100%의 확률이 아니다. 내 감각으로는 '맞을 때가 더 많은 것 같아'라는 정도다. 그래도 승률을 올릴 가능성이 있기 때문에 사용해야 할 것이다.

차트를 보지 않고 트레이드하는 것은 고도계를 보지 않고 눈대중으로 비행기를 조작하는 것이다.

▶ 심오한 지식은 필요 없다.
기본만 다루면 된다

CHAPTER 3에서 설명한 기본적 분석에 비해 기술적 분석은 초보자라도 이해하기 쉬울 것이다. 그중에서도 이 책의 투자 스타일에서 알아둬야 할 가장 중요한 항목을 이번 장에 정리했다.

물론 기술적 분석도 심오하기 때문에 흥미가 있는 사람은 꼭 연구를 지속하길 바란다.

묻어두기 ▷ 주가가 매수한 값보다 내려가서 팔면 손실이 나기 때문에 어쩔 수 없이 장기 보유하는 일.

이동평균선

 주로 보는 것은 이동평균선

기술적 분석에서 주로 봐야 할 것은 '단순이동평균선(Simple Moving Average)'다. '지수이동평균선(Exponential Moving Average)'이라는 것도 있지만, 우리는 단순이동평균선만 봐도 족하다. 앞으로 이동평균선이라고 하면 단순이동평균선을 가리킨다.

이동평균선은 일정 기간 주가의 평균치를 묶은 선이다. 가령 '21일 이동평균선'이라면 각각의 날에서 과거 21영업일의 주가 평균선을 묶은 그래프가 된다. 21영업일이므로 거의 한 달 동안의 주가 평균이다.

마찬가지로 '50일 이동평균선'은 약 두 달간, '200일 이동평균선'은 약 10개월의 평균선이다.

이런 날짜는 차트를 내는 회사에 따라 달라지기도 하고, 스스로 설정하는 차트도 있다.

★ **단기 트렌트=20일, 21일 등 이동평균선**

★ **중기 트렌드=50일 이동평균선**

★ **장기 트렌드=200일 이동평균선**

211

단기·중기·장기의 3종류를 주가의 '일봉차트(1일 단위의 주가 변화)'
에 겹쳐서 보는 것이 기본이다 (그림 4-1). 좀더 장기적인 흐름을 보고
싶을 때는 '주봉차트' '월봉차트'에 겹칠 수도 있다. 또한 데이트레이드를
하는 사람은 21분 이동평균선, 50분 이동평균선, 200분 이동평균선을 보
기도 한다. 어느 기간을 자신의 투자 기간으로 보고 있는지에 따라 단위
는 바뀌어도 같은 분석 기술을 사용하는 것이 기술적 분석의 흥미로운
부분이다.

문자로 읽으면 복잡하다고 생각될 수 있으나 실제 표시는 간결하다.
자신의 증권회사 등 어딘가의 차트를 살펴보자. 이동평균선이 표시되어
있지 않은 경우는 스스로 표시한다.

그림 4-1: 3종류의 이동평균선(애플)

저자 작성

이때 단기·중기·장기로 선의 색을 바꾸면 보기 편하다. 좋아하는 색도 상관없으나 나는 단기=녹색, 중기=적색, 장기=흑색이 익숙하다. 이 책에서는 주가가 흑색, 단기가 밝은 적색, 중기가 회색, 장기가 어두운 적색으로 표시되어 있다.

▶ 200일 이동평균선이 위를 향하면 오름세

그러면 이동평균선이 의미하는 바를 풀어보도록 하자. 먼저 장기 트렌드의 200일 이동평균선이다.

주가는 항상 오르거나 내리거나 불규칙한 움직임을 보이지만, 200일 이동평균선을 보면 오름세인지 내림세인지 일목요연하게 보인다 (그림 4-2).

이 200일 이동평균선은 대형 여객선처럼 좀처럼 방향을 전환하지 않는다. **200일 이동평균선이 위를 향한다면 80%의 확률로 그대로 오른다**고 본다. 즉 트렌드가 바뀌는 것은 고작 20%의 타이밍이다. 200일 이동평균선이 위를 향할 때 매수하기만 해도 승률이 상당히 올라간다.

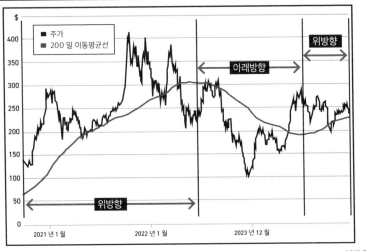

그림 4-2: 200일 이동평균선의 방향(테슬라)

저자 작성

200일 이동평균선이
아래를 향하면 내림세

200일 이동평균선이 아래를 향하면 역시 80%의 확률로 내려간다. 그럴 때 일부러 사는 사람은 상당히 날카로운 자기만의 전략이 있거나 그 업계에 매우 정통해 아직 표면화되지 않은 트렌드를 파악하는 사람이거나 차트를 보지 않는 사람이다.

만약 200일 이동평균선이 위를 향하고, 주가가 그 이동평균선의 위에 있을 때 샀는데, 사고 난 직후부터 내림세로 돌아서서 200일 이동평균선이 아래로 떨어지고, 이윽고 이동평균선이 평행해져서 결국 아래를 향하도록 바뀌었다면? 그것은 약 20%의 방향 전환할 때 매수한 것이다. 그런 경우 통계적으로는 잠시 그대로 내려갈 가능성이 80%다. 가능하면 그렇게 되기 전에 빨리 팔고 또 흐름이 바뀌는 것을 기다리자.

★ 이동평균선을 보면 시세의 흐름을 알 수 있다 ★

· 21일 이동평균선은 단기 트렌드, 50일 이동평균선은 중기 트렌드, 200일 이동평균선은 장기 트렌드를 나타낸다.

· 200일 이동평균선이 위를 향하면 주가도 오름세로. 아래를 향하면 내림세가 될 확률이 높다.

골든크로스는
매수 타이밍

//

▶ **단기 이동평균선이**
장기 이동평균선보다 위에 있으면 오름세

⟶

장기인 200일 이동평균선의 보는 법을 알았다면 다음으로 단기 이동평균선과의 관계에 주목해 보자. 200일 이동평균선을 보기만 하기보다 더 자세히 매수할 때를 예상할 수 있다.

단기 이동평균선이 중기나 장기의 이동평균선을 아래부터 위로 교차시켰다면 기회가 왔다고 기대할 수 있다.

그리고 중기 이동평균선도 장기보다 위가 되면 드디어 매수할 때라는 신호다.

이처럼 **짧은 기간의 이동평균선이 오랜 기간의 이동평균선을 아래에서 위로 관통하는 순간을 골든크로스**라고 한다.

그림 4-3의 차트 예시를 보자. 2023년 1월부터 3월 사이에 골든크로스가 있고, 세로줄에서 오른쪽은 200일 이동평균선이 위를 향하며, 이동평균선은 위에서부터 '단기' '중기' '장기'로 나열되어 있다. 이것을 '건전한 차트' '차트가 건강'하다고 한다.

이런 주식이 '차트가 좋은 주식'이다. 좋은 기업과 좋은 주식은 다르다. 아무리 좋은 기업이라도 차트가 건강하지 않을 때 사면 '나쁜 주식'이

될 수 있다. 거시 분석이나 기업 분석을 해서 좋은 기업이나 ETF를 발견했다면 기술적 분석을 확인해서 건강해 보이면 타이밍을 봐서 매수를 검토하자.

그림 4-3: 골든크로스(애플)

■ 주가
■ 21일 이동평균선
■ 50일 이동평균선
■ 200일 이동평균선

골든크로스 ①~③
② 단기가 장기를 넘어갔다
③ 중기가 장기를 넘어갔다
① 단기가 중기를 넘어갔다

200일 이동평균선이 위를 향하고 단기·중기의 이동평균선이 200일 이동평균선보다도 위에 있으므로 차트는 건전하다

저자 작성

▶ 오름세의 주식이 50일이나 200일 이동평균선까지 내려갔을 때는 매수 시기

나는 차트가 건강할 때 예를 들어 200일 이동평균선이 위를 향하고, 단기와 중기의 이동평균선이 장기보다 위에 있을 때 주가가 50일이나 200일 이동평균선의 가까이까지 내려간 타이밍에 매수하는 경우가 많다. 차트가 건강한 주식은 또 오를 가능성이 크므로 조금 내려갔을 때

사서 성장을 기대한다. 이것은 '바이더딥(시세가 일시 내릴 때 삼)'이라고 부른다.

물론 주가가 이동평균선보다 떨어지고, 그대로 계속 내려가는 리스크도 있다. 이 구매 방식을 하는 경우는 매수 후에 차트를 보고 쭉쭉 내려간다면 가급적 빨리 손절매할 예정으로 사야 한다. **하지만 내 경험상 역시 또 오름세로 돌아가는 쪽이 많았으므로 승률이 높은 구매 방식이라고 생각한다.**

이렇게 들으면 정말 간단하다고 생각할 수 있으나 주식은 그렇게 간단하지 않다. 예를 들어 200일 이동평균선이 확실히 위를 향하는데, 200일 이동평균선까지 주가가 내려가는 것은 횟수를 봐도 1년에 몇 번이고, 그렇게까지 내려가는 것은 상당히 걱정스러운 거시 경제의 불안, 지정학 리스크의 가열, 안 좋은 결산이 나왔다는 식으로 주가에 안 좋은 재료가 많이 있기 때문이다.

여기까지 내려갔다면 무조건 산다고 강한 결심을 하지 않는 한 실제로 그렇게까지 내려갔다면 좀더 내려갈 것 같은 두려움에 사지 못한다. 주식이란 그런 것이다.

바이더딥(Buy the Dip) ▷ 딥이란 가치가 일시적으로 내려간 시세를 말한다. 발전이 기대되는 기업의 주식을 주가가 단기적으로 내려갔을 때 사는 일.

그림 4-4: 매수 타이밍(애플)

저자 작성

이동평균선은 지지선이 되거나 저항선이 된다

어째서 '50일, 200일 이동평균선까지 내려간다면'이라는 기준이 되는지 설명해 보겠다.

'지지선(서포트 라인)' '저항선(레지스턴스 라인)'이라는 말을 들어본 적 있는가? 지지선은 '저기까지 내려가면 사자'라고 생각하는 트레이더가 많이 있어서 그 이하로는 좀처럼 내려가지 않는 수준이다. 저항선은 그 반대로 '여기까지 오르면 팔자'라고 생각하는 트레이더가 많이 있는 수준이다. 따라서 이 수준을 좀처럼 넘지 못한다.

지지선과 저항선은 과거 주가의 최고치나 최저치를 이어서 그린 트렌드 라인이거나 일단락 짓기 좋은 가격(예를 들자면 $100)이거나 이동평균선이기도 하다. 주가는 그 지지선, 저항선에 이끌려서 붙었다가 반발해서 떨어지는 움직임을 반복하는 경향이 있다. 마치 자석처럼 끌려간다고 생각하면 정점에 부딪혀서 내려가거나 반대로 바닥에서 바운스하는 볼처럼 튕겨 오르는 일이 많다.

이번 장의 처음에 **'주가가 얼마나 움직이는지 그 폭은 기술적 분석으로 예측한다'라고 쓴 것은 이 지지선과 저항선에 따른 것**이다.

지지선과 저항선은 보통 차트에는 나오지 않는다(일부 자신이 선을 긋는 차트나 유료 차트에서는 자동으로 나오기도 한다). 하지만 50일, 200일 이동평균선도 트렌드 라인처럼 주가를 끌어당기기 때문에 이것을 기준으로 할 수 있다.

어쨌든 기술적 분석도 100% 확률로 맞출 수는 없고, 애초에 트레이드 하나하나에서 손해를 볼 확률은 항상 40% 이상 있다는 것을 잊지 말자. **기술적 분석으로 트레이드한다면 예상이 빗나간다면 즉시 청산하자.**

내가 주말마다 하는 투자 미팅에서는 어느 부근이 각 지수의 지지선, 저항선인지 매주 차트를 이용해 설명하고 있다.

그림 4-5: 지지선, 저항선을 긋는 한 가지 사례(S&P500 차트)

저자 작성

★ 매수할 때 보는 방법 ★

- 골든크로스는 매수 시기. 차트가 건강한 주식은 또 오를 가능성이 크기 때문에 조금 내려갔을 때 사서 성장을 기대한다.
- 지지선과 저항선을 토대로 주가가 얼마나 움직이는지 폭을 예측할 수 있다.
- 기술적 분석으로 트레이드할 때는 예상이 빗나가면 즉시 청산한다.

데드크로스는 매도 타이밍

▶ **단기 이동평균선이**
▶ **장기 이동평균선보다 내려가면 내림세**

골든크로스의 반대가 데드크로스다. 짧은 기간의 이동평균선이 오랜 기간의 이동평균선을 위에서 아래로 관통하는 순간을 말하며, 단기 주가에는 나쁜 신호다.

그림 4-6을 살펴보자. 단기 이동평균선이 중기의 이동평균선을 데드크로스❶하는 경우는 비교적 자주 있다. 단기 이동평균선은 소형 보트처럼 방향 전환이 간단하기 때문이다.

그 **단기 이동평균선이 더 장기의 이동평균선을 데드크로스❷하면 시세가 약세가 된다는 조짐**이다. 회복되는 경우도 많지만, 주의해서 상황을 지켜볼 필요가 있다.

단기 이동평균선이 그대로 계속 내려가고, 중기 이동평균선도 장기 이동평균선을 데드크로스❸하고, 차트 위의 이동평균선의 순서가 위에서부터 장기, 중기, 단기가 되는 경우 그 차트는 약세 차트가 된다. "주가의 트렌드가 바뀔 확률은 20%밖에 없습니다"라고 설명했는데, 이런 때는 장기 이동평균선이 하향으로 바뀔 가능성이 크다. 게다가 전 세계의 투자자가 같은 차트를 보고 있으므로 매도하는 사람이 증가한다.

그래서 이동평균선이 위에서부터 장기, 중기, 단기의 순서가 되고 장

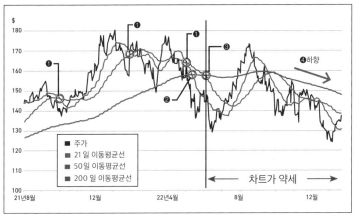

그림 4-6: 데드크로스(애플)

저자 작성

기 이동평균선이 하향❹을 그리면 "차트가 완전히 무너졌습니다"라고 할 수 있다. 이러면 그 트렌드에서 빠져나오는 데에 시간이 걸린다. 차트 예시의 애플의 경우는 바로 부활했지만, 그림 4-7의 줌(Zoom)처럼 일단 무너진 후 완전히 돌아오지 않는 주식도 적지 않다. 말할 것도 없이 **이런 타이밍에서 주식과 ETF를 사는 것은 확고한 전략이 없는 한 피하는 편이 무난**하다.

▶ 위성 투자에서 오른 주식이 내려가기 시작한다면 이익 실현을 하자

이미 가지고 있는 주식이나 ETF의 차트가 무너졌다면 손을 뺄 타이밍 이 온 것이다. 대참사가 되기 전에 팔아서 일단 이익 실현이나 손절매를

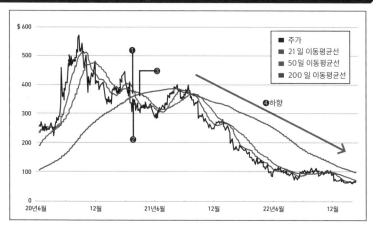

그림 4-7: 차트가 무너진 예시(줌)

저자 작성

하는 것이 현명하다.

일단 시세가 내려가도 주가가 회복해서 이동평균선까지 돌아오는 일
은 종종 있다. 그 타이밍에 팔 수 있으면 감지덕지다.

다만 **스스로 확실히 조사해서 장기적으로 성장한다고 진심으로 믿고
있는 주식이라면** 워런 버핏이 조금 약세장에서는 주식을 팔지 않았듯이,
아무리 손실 가능성이 있어도 팔지 않고 기다리는 것도 전략이다. 자신의
판단이 맞는다면 내려갔을 때가 매수 시기이고, 매도할 것이 아니기 때
문이다. 다만 손절매해야 할 때까지, 매수했을 때부터 주가가 떨어졌다
는 사실에는 진지하게 마주할 필요가 있다. CHAPTER 5에서 소개하는
트레이드 일기에 확실히 기록을 남겨 다음번에는 좀더 좋은 엔트리 포인
트에서 주식을 살 수 있도록 노력하자.

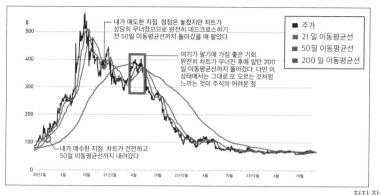

머리와 꼬리는 내줘라

이렇게 글로 보면 기술적 분석은 간단히 보일 수도 있으나 실제 판단은 정말 어렵고, 전문가도 생각처럼 되지 않는다.

그 와중에 차트를 보고 있으면 '아직 오를지도 몰라'라는 기대로 팔 타이밍을 놓치기 십상이다.

나중에 차트를 보면 '정점에서 팔고 싶었어'라고 생각하지만, 그 타이밍에는 어디가 정점인지, 계속 오를지, 갑자기 내려갈지 알 수 없다.

투자에서는 '머리와 꼬리는 내줘라'라고 한다.

리턴을 최대로 하고 싶은 마음은 누구나 있지만, 어느 정도에서 손을 떼는 편이 현명하다. 반만 팔고 상황을 본 뒤 역시 내려간다면 나머지를 전부 팔 수도 있다.

일단 차트가 무너졌고, 손실 가능성이 있다는 것을 깨달았다면 매의 눈으로 차트의 움직임을 쭉 지켜보다가 생각한 것처럼 회복되지 않겠다고 판단한 시점에서 파는 편이 바람직하다.

이런 손절매나 이익 실현에 대해서는 CHAPTER 5에서 다시 제대로 살펴보자.

여기에서는 어떤 형태의 차트가 팔아야 할 신호인지 확실히 눈에 새겨두기 바란다.

★ 매도할 때 보는 법 ★

- 차트가 완전히 무너지면 일단 이익 실현이나 손절매해서 대참사가 나는 것을 막는다.
- 스스로 확실히 조사해서 장기적으로 반드시 성장한다는 생각이 드는 주식은 손실 가능성이 있어도 계속 기다린다는 전략도 있다.

최고치를 넘으면 푸른 하늘, 최저치보다 내려가면 깊은 늪

전회의 고점을 뛰어넘는 '브레이크 아웃'은 매수 시기

주식을 하지 않는 사람은 '주식은 쌀 때 사서 비쌀 때 파는 건데, 주가가 최고치를 갱신한 지점에서 사는 것은 이상하다'라고 생각할 수 있다. 그러나 주식이란 심리전이다. 생각해 보자. 주가가 최고치를 갱신했다, 역대 최고가 아니어도 최근 10년 동안에 최고가 된 상태는 그때 그 주식을 가지고 있는 거의 전원에게 이익 가능성이 있는 상태다. 거의 전원이 샀을 때보다 주가가 높아졌으므로 '좋은 주식을 샀구나. 한동안 계속 가지고 있자'라고 생각한다. 매도가 적다는 것은 주가가 내려가기 어렵다는 의미이므로 사실 그대로 계속 오를 가능성이 크다.

그래서 **최고치는 투자자가 아주 좋아하는 매수 신호**다. '지난번에는 매도를 놓쳐서 실패했으니까 이번에는 여기까지 오르면 팔자'라고 생각하는 주주도 없어지고, 트렌드 라인도 저항선도 없어져서 **어디까지 오를지 모르는 푸른 하늘**이다. 이런 상태를 브레이크 아웃이라고 한다.

이런 이론을 모르면 '이익이 나겠구나!'라고 기분이 좋아서 빨리 이익 실현을 하기도 한다. 그것은 눈앞에 있는 이익을 놓치는 일이다. 또는 '이렇게 높아졌으니까 지금 사지 말자'라고 차트를 놓치기도 한다. 어디

227

까지나 확률론이지만, 이것도 이론으로 파악해 두면 좋다.

　반대의 경우도 그렇다. 일단 저점보다 내려가면 깊은 늪처럼 주가가 내려가는 경향이 있다. 나락에 떨어지기 전에 팔아야 하겠지만, 오히려 초보자가 쉽게 하는 행동이 '엇? 좋은 주식이 싸다고 생각해서 샀는데 더 저렴해졌네. 그럼 더 매수하자'라는 판단이다. 이것이 바로 물타기다.

　물타기는 지옥으로 가는 편도 티켓이다.

　최고치의 주식을 팔아서 이익 실현하고, 최저치의 주식을 사서 물타기한다면 스포츠팀의 우량 선수를 이적시키고 부상으로 움직이지 못하는 선수를 불러들이는 것과 같다.

　확실히 기업 분석한 주식이 저렴해진 것은 얼핏 이득처럼 보이지만,

저자 작성

물타기 ▶ 보유한 종목의 주가가 취득한 단가보다 내려갔을 때 더 매수해서 평균 매수 단가를 내리는 일을 말한다. 하락세가 지속된다면 손실이 더욱 커진다.

'지금은 살 타이밍이 아닐지도 모른다' '혹시 내 기업 분석이 틀렸을지도 모른다'라고 겸허히 재고해 보자.

그래도 자신의 분석이 맞고 시세가 틀렸다는 자신이 있다면 물론 물타기가 정답일 수도 있다. 다만 그것이 정답일 확률은 틀렸을 확률보다 낮을 수 있음을 이해하길 바란다.

여기까지 이야기했지만, 솔직히 말해 나는 브레이크 아웃에서 주식을 사는 데에 서툴다.

브레이크 아웃은 페이크(속임)일 확률이 비교적 높다. 브레이크한 후 바로 또 저항선이 밑으로 많이 돌아오면 손절해 하는 것이 편한 길이지만, 나는 직업상 한 번 사면 30일 동안 팔지 못하기 때문에(내 헤지펀드의 규칙이다) 재빨리 대응할 수 없다. 따라서 상당히 내려간 후에 손절매하는 처지가 된다.

내가 좋아하는 매수 방식은 만약 기업을 확실히 조사해서 '좋아, 이 주식을 사고 싶어'라고 생각하면 그 주식을 모니터하면서 지지선으로 내려갈 때까지 기다린다. **내려갔을 때 내가 분석해서 사려고 생각한 이유가 무너지지 않았다면 산다.**

매수한 후 지지선을 크게 밑돌 수도 있지만, 브레이크 아웃이 페이크일 확률이 주가가 지지선보다 크게 내려갈 확률보다 높다고 생각한다(어디까지나 내 주관적인 생각이다). 지지선에서 산 주식이 나중에 브레이크 아웃한다면 만세를 부를 것이다. 브레이크 아웃까지 기다리지 않은 만큼 차익금이 증가한다. 물론 브레이크 아웃에서 이익 실현을 하지도 않는다. 우승마는 달리게 한다.

게다가 지지선으로 내려올 때까지 기다린 다음 사면 손절매하는 처지가 될 확률도, 물타기하고 싶어질 확률도 내려간다. 이런 방식으로 매수하면 기다리는 동안 점점 올라가서 '아, 저 때 샀어야 하는데…'라고 생각하는 일도 많지만, 내 성격과 환경에는 이 스타일이 맞는다. 여러분도 여러모로 시도해서 자신에게 맞는 스타일을 만들어나가기 바란다.

★ 최고치를 넘어가면 매수 시기 ★

- 주가가 고점을 갱신한, 최근 10년 중에 최고가 된 상태에서는 그대로 계속 오를 가능성이 크다.
- 최고치를 넘었을 때는 매수 신호다.
- 주가가 최저치를 밑돌 때는 더 내려가는 일이 많으므로 매력을 느낀 기업의 주식이라도 추가 구매는 하지 않는 편이 바람직하다.
- 내가 좋아하는 매수 방식은 매력을 느끼는 기업의 주가가 지지선까지 내려간 타이밍에서 사려고 생각한 이유가 깨지지 않았다면 매수하는 것이다.

미국의 투자자가 가장 선호하는
컵&핸들

 주식의 움직임에는 정해진 패턴이 있다

　최고치인 브레이크 아웃까지 가지 않아도 전고점을 넘어가는 것은 의외로 빈번히 일어난다.

　주가가 일단 내려가고 또 오르기 시작하는 오름세에서 고점을 넘었다면 전고점과 지금의 주가를 연결해서 선을 그려보자. 주가 차트는 어떤 형태가 되는가? 투자자는 이것을 컵이라고 부른다. 커피컵의 그 컵이다.

　그림 4-10처럼 차트가 컵을 만들면서 전고점을 넘으면 주가는 당분간 또 트렌드 라인까지 내려가려고 하는 일이 많다. 이때 무슨 일이 생기냐면 전고점에서 사서 후회하는 사람들이 '다행이다. 겨우 손실 가능성이 해소되었네'라고 안도해서 매도한다. 그런 사람들이 내다 팔면 그 주식은 바로 가격이 오르기 시작한다.

　컵을 그린 후에 조금 내려갔다기 다시 오른다. 그 형태가 마치 컵의 손잡이(핸들)처럼 보여서 컵&핸들이라고 부른다. 컵&핸들 뒤에는 쭉 오를 확률이 높으므로 여기에서 사두면 수익이 날 확률이 높아진다.

　컵&핸들은 미국 주식의 투자자가 가장 선호한다. 전형적인 강세 차트 패턴 중 하나다.

그림 4-10: 컵&핸들과 W보텀(버크셔 해서웨이)

저자 작성

W보텀도 강세의 신호

'컵&핸들이네. 기회인가!?' 하고 보면 주가 하락이 멈추지 않아서 핸들이 점점 늘어나는 경우도 있다. 하지만 오름세에서는 또 회복하는 경우가 많아서 컵이 하나 더 만들어지기도 한다. 이것은 W보텀이라고 부르는 패턴으로 **역시 매수 신호**의 패턴으로 보고 있다.

팔로스루 데이는
좋은 신호

///

▶ **거래량에 따라**
기관투자자인지 리테일인지 추측할 수 있다

　기술적 분석의 기본으로 '거래량'도 살펴보자.

　거래량은 그날에 매매된 주식수를 말하며 영어로 Volume이라고 한다. 대부분 주가 차트의 아래에 막대그래프로 표시된다. 거래량이 높으면 많이 매매된 것이다 (그림 4-11).

　가령 순조롭게 가격이 오르고 있지만, 거래량이 비교적 적은 경우 '지금은 리테일이 매수하고 있구나'라고 추측한다. 기관투자자는 거래액이 크기 때문에 거래량이 현저히 오르기 때문이다.

　52쪽에서 기관투자자는 한 번에 사면 주가가 오르기 때문에 며칠에 나눠서 산다고 언급했다. 즉 기관투자자가 사고 있으면, '이 매수는 며칠 이어질 것이다=**며칠 동안 오를 것**이다'라고 예상할 수 있다.

　반대로 **주가가 올라도 거래량이 내려간다**면, '이미 매수가 끝났구나= **슬슬 상승이 멈출지도** 모른다'라고 위기감을 느낀다.

거래량(Volume) ▷ 증권거래소에서 주식 등이 매매되는 수량을 말한다.

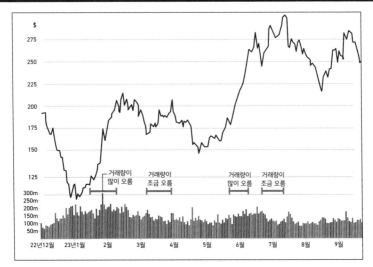

그림 4-11: 거래량 보는 법(테슬라)

저자 작성

기관투자자가 사는
팔로스루 데이

팔로스루 데이(Follow Through Day)란 주가에 바닥이 형성되고, 새로운 상승 트렌드가 시작되는 신호다. 정의로는 주가에 일단 바닥이 생기고, 3영업일 이상 그 바닥을 하회하지 않는 날이 이어진 다음, 거래량이 전날보다 높아지고, 지수(S&P500 등의 인덱스 지표)가 확실히 오른(예를 들어 1.25% 이상) 날을 말한다. 이것은 기관투자자가 주식을 사들였다는 신호 중 하나다 (그림 4-12).

이는 유명한 투자자 윌리엄 오닐이 제창한 **시장의 전환기를 발견하는**

테크니컬 시그널로 그가 설립한 경제 신문 Investor's Business Daily에 실려 있다.

1.25%라는 숫자 자체는 확실히 정해진 것이 아니며 확실히 오른다 (the market closes significantly higher)고 표현되어 있다. 어찌 되었든 그만큼 오르고 거래량이 전날보다 많다는 것은 기관투자자가 사들인다는 의미다. 따라서 역시 '이 매수는 며칠이 이어질 것이다=며칠간 계속 오를 것이다'라고 예상할 수 있다. 팔로스루 데이가 속임수인 경우도 꽤 있는데, 바닥은 팔로스루 데이 없이는 거의 찍지 않는다. 모든 팔로스루 데이가 바닥은 아니지만, 팔로스루 데이가 없는 바닥은 없다고 생각해도 된다.

그림 4-12: 팔로스루 데이&디스트리뷰션 데이(VOO)

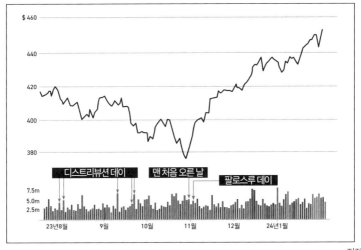

저자 작성

반대로 전날보다 거래량이 높고 지수가 1.25% 이상 하락하는 날은 디스트리뷰션 데이(Distribution Day)라고 한다.

이것도 윌리엄 오닐이 제창한 콘셉트로 많은 투자자가 이 **디스트리뷰션 데이가 일정 기간에 몇 번 있는지를 트렌드 전환의 지수**로 삼는다. 디스트리뷰션 데이가 단기간에 대여섯 번 몰리면 시세가 곧 약세로 전환할 수 있다고 투자자는 경계한다. 그 정도로 미국에서는 주목받는다는 신호다.

★ Follow Through Day 는 기관투자자가 사고 있다는 신호 ★

- Follow Through Days는 시세가 바닥에 왔다는 가능성을 나타낸다.
- Distribution Day는 시세가 하락세를 향할 조짐을 나타낸다.

CHAPTER 5

투자에서 물러나지 않는 마음가짐
(리스크 관리)

리스크 사이즈를 적정하게①
핵심과 위성의 균형

//

▶ **투자에서 물러나지 않는 철칙**

→

거시 분석을 의식해서 섹터를 고르고, 주식이라면 기업 분석을 확실히 하고, 그 주식·ETF마다 기술적 분석을 이용해 매매하면 매번 성공할 확률이 높아진다.

그래도 결국 주가는 오르거나 내릴 수밖에 없으므로 언제든 50%는 손해 볼 각오를 해야 한다. 실제로 경험과 빼어난 능력이 풍부한 데이트레이더라도 모든 트레이드에서 성공할 확률은 50대 50 정도라고 본다. 하지만 리스크 관리를 하면 다시는 투자를 하지 못하게 될 정도의 큰 손실은 피할 수 있다.

예를 들어 이익이 난 주식·ETF가 2배가 되고, 손실이 난 주식·ETF가 15%의 손실이라면 합계로는 손해가 아니다. 트레이드 하나하나의 승패나 승률을 신경 쓰는 것은 투자 성적의 족쇄가 된다. **승률을 올리는 것이 아니라 자산을 늘리는 것이 목적이므로 매년 자산이 제대로 늘어나면 합격**이다.

합계해서 매년 이익이 나는 것을 목표로 하자.

하지만 오랫동안 매년 이익이 나는 것은 전문가라도 어려운 일이다. 그래서 아무리 그해에 손실이 났어도 다음해나 그 다음해……라는 몇 년 단위로 손실이 나지 않으면 투자는 성공이다.

그러기 위해 다음 두 가지 철칙이 있다.

하나는 리스크 사이즈를 적정하게 할 것. 구체적으로 포트폴리오의 적정한 균형을 맞춰야 한다.

두 번째는 필요 이상으로 손실을 크게 하지 않을 것. 이것은 다음 섹션에서 설명하겠다.

▶ 핵심과 위성의 균형으로 리스크는 이렇게 바뀐다

이 책에서는 적립식 인덱스 투자를 핵심으로 해서 위성으로 +α의 리턴을 목표로 하자는 핵심 위성 운용을 권장하고 있다. 위성의 비율을 높이면 기대할 수 있는 리턴이 커지는 만큼 손실이 날 리스크로 높아지는 것은 이미 이해했을 것이다.

그러면 이 **핵심과 위성의 균형을 어떤 비율로 해야 가장 바람직할까?** 대답은 "사람에 따라 다릅니다"라고 하겠다. 실제로 투자하면서 트라이&에러로 마음이 편안한 리스크 허용도를 찾는 수밖에 없다. 위성을 비율은 리스크 허용도와 함께 거시 경제를 보고 공격할 시기인지 수비할 시기인지에 따라서도 바뀔 수 있다.

스스로 '지금은 시세 상황이 좋지 않아. 수비에 들어가는 게 좋겠어'라고 판단했을 때 위성 주식을 팔고 핵심인 지수를 사서 핵심의 비율을 늘리는 일이 나쁘지 않을 것이다. 좋지 않은 것은 시세 상황이 나쁠 때 두려워서 신규로 핵심 투자를 멈추는 일이다. 특히 핵심은 나쁠 때일수록 지속해야 의미가 있다.

나는 대개 다음과 같이 생각한다.

★ **수비 포트폴리오=핵심 80% : 위성 20%**

★ **중간 포트폴리오=핵심 60% : 위성 40%**

★ **공격 포트폴리오=핵심 40% : 위성 60%**

여기에서 어느 정도 리스크&리턴이 바뀌는지 계산해서 그림 5-1~4에 정리했다. 위성은 모두 친숙한 매그니피센트·7을 거의 같은 비율로 트레이드하지 않고 쭉 가지고 있었던 경우를 가정했다. 비교 재료로 핵심 10%인 경우도 살펴보았다.

그림 5-1: 수비 예시(핵심 80% : 위성 20%)

	티커	비율	매년 연초에 사서 1년만 보유한 경우					연초에 사서 몇 년 동안 가지고 있던 경우			
			1년마다 퍼포먼스					5년간	4년간	3년간	2년간
			2019	2020	2021	2022	2023	2018-2023	2019-2023	2020-2023	2021-2023
핵심	VOO	30%	31.4%	18.3%	28.8%	-18.2%	26.3%	106.9%	57.5%	33.1%	3.4%
	VTI	30%	30.7%	21.1%	25.7%	-19.5%	26.0%	101.7%	54.4%	27.5%	1.4%
	VT	20%	26.8%	16.6%	18.3%	-18.0%	22.0%	74.9%	38.0%	18.3%	0.1%
핵심전체		80%	30.0%	18.9%	25.0%	-18.6%	25.1%	97.0%	51.4%	27.3%	2.4%
위성	AAPL	3%	89.0%	82.3%	34.6%	-26.4%	49.0%	408.7%	169.2%	47.7%	9.7%
	MSFT	3%	57.6%	42.5%	52.5%	-28.0%	58.2%	289.9%	147.4%	73.6%	13.9%
	AMZN	3%	23.0%	76.3%	2.4%	-49.6%	80.9%	102.3%	64.5%	-6.7%	-8.9%
	GOOGL	3%	28.2%	30.8%	65.3%	-39.1%	58.3%	167.3%	108.6%	59.4%	-3.6%
	META	3%	56.6%	33.1%	23.1%	-64.2%	194.1%	170.0%	79.0%	29.6%	5.2%
	TSLA	3%	25.7%	743.4%	49.8%	-65.0%	101.7%	1019.8%	790.9%	5.6%	-29.5%
	NVDA	2%	76.9%	122.3%	125.5%	-50.3%	239.0%	1395.2%	745.1%	280.2%	68.6%
위성전체		20%	49.7%	163.5%	46.7%	-45.9%	105.2%	463.2%	277.5%	59.4%	5.3%
	Total	100%	33.9%	47.8%	29.3%	-24.1%	41.2%	170.2%	96.7%	33.7%	2.4%
	원금 배수		1.34	1.48	1.29	0.76	1.41	2.70	1.97	1.34	1.02
	100만 엔		1,339,084	1,478,362	1,293,371	759,132	1,411,640	2,702,230	1,966,518	1,337,322	1,024,306

그림 5-2: 중간 예시(핵심 60% : 위성 40%)

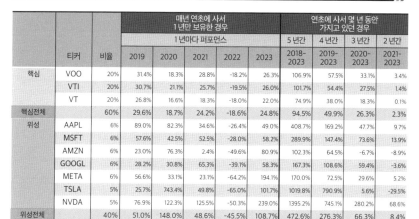

	티커	비율	매년 연초에 사서 1년만 보유한 경우 1년마다 퍼포먼스					연초에 사서 몇 년 동안 가지고 있던 경우			
			2019	2020	2021	2022	2023	5년간 2018-2023	4년간 2019-2023	3년간 2020-2023	2년간 2021-2023
핵심	VOO	20%	31.4%	18.3%	28.8%	-18.2%	26.3%	106.9%	57.5%	33.1%	3.4%
	VTI	20%	30.7%	21.1%	25.7%	-19.5%	26.0%	101.7%	54.4%	27.5%	1.4%
	VT	20%	26.8%	16.6%	18.3%	-18.0%	22.0%	74.9%	38.0%	18.3%	0.1%
핵심전체		60%	29.6%	18.7%	24.2%	-18.6%	24.8%	94.5%	49.9%	26.3%	2.3%
위성	AAPL	6%	89.0%	82.3%	34.6%	-26.4%	49.0%	408.7%	169.2%	47.7%	9.7%
	MSFT	6%	57.6%	42.5%	52.5%	-28.0%	58.2%	289.9%	147.4%	73.6%	13.9%
	AMZN	6%	23.0%	76.3%	2.4%	-49.6%	80.9%	102.3%	64.5%	-6.7%	-8.9%
	GOOGL	6%	28.2%	30.8%	65.3%	-39.1%	58.3%	167.3%	108.6%	59.4%	-3.6%
	META	6%	56.6%	33.1%	23.1%	-64.2%	194.1%	170.0%	72.5%	29.6%	5.2%
	TSLA	5%	25.7%	743.4%	49.8%	-65.0%	101.7%	1019.8%	790.9%	5.6%	-29.5%
	NVDA	5%	76.9%	122.3%	125.5%	-50.3%	239.0%	1395.2%	745.1%	280.2%	68.6%
위성전체		40%	51.0%	148.0%	48.6%	-45.5%	108.7%	472.6%	276.3%	66.3%	8.4%
	Total	100%	38.2%	70.4%	34.0%	-29.3%	58.3%	245.8%	140.5%	42.3%	3.9%
	원금 배수		1.38	1.70	1.34	0.71	1.58	3.46	2.40	1.42	1.04
	100만 엔		1,381,551	1,703,837	1,339,863	706,539	1,583,477	3,457,587	2,404,985	1,422,950	1,039,096

그림 5-3: 공격 예시(핵심 40% : 위성 60%)

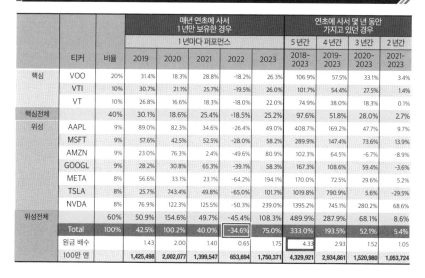

	티커	비율	매년 연초에 사서 1년만 보유한 경우 1년마다 퍼포먼스					연초에 사서 몇 년 동안 가지고 있던 경우			
			2019	2020	2021	2022	2023	5년간 2018-2023	4년간 2019-2023	3년간 2020-2023	2년간 2021-2023
핵심	VOO	20%	31.4%	18.3%	28.8%	-18.2%	26.3%	106.9%	57.5%	33.1%	3.4%
	VTI	10%	30.7%	21.1%	25.7%	-19.5%	26.0%	101.7%	54.4%	27.5%	1.4%
	VT	10%	26.8%	16.6%	18.3%	-18.0%	22.0%	74.9%	38.0%	18.3%	0.1%
핵심전체		40%	30.1%	18.6%	25.4%	-18.5%	25.2%	97.6%	51.8%	28.0%	2.7%
위성	AAPL	9%	89.0%	82.3%	34.6%	-26.4%	49.0%	408.7%	169.2%	47.7%	9.7%
	MSFT	9%	57.6%	42.5%	52.5%	-28.0%	58.2%	289.9%	147.4%	73.6%	13.9%
	AMZN	9%	23.0%	76.3%	2.4%	-49.6%	80.9%	102.3%	64.5%	-6.7%	-8.9%
	GOOGL	9%	28.2%	30.8%	65.3%	-39.1%	58.3%	167.3%	108.6%	59.4%	-3.6%
	META	8%	56.6%	33.1%	23.1%	-64.2%	194.1%	170.0%	72.5%	29.6%	5.2%
	TSLA	8%	25.7%	743.4%	49.8%	-65.0%	101.7%	1019.8%	790.9%	5.6%	-29.5%
	NVDA	8%	76.9%	122.3%	125.5%	-50.3%	239.0%	1395.2%	745.1%	280.2%	68.6%
위성전체		60%	50.9%	154.6%	49.7%	-45.4%	108.3%	489.9%	287.9%	68.1%	8.6%
	Total	100%	42.5%	100.2%	40.0%	-34.6%	75.0%	333.0%	193.5%	52.1%	5.4%
	원금 배수		1.43	2.00	1.40	0.65	1.75	4.33	2.93	1.52	1.05
	100만 엔		1,425,498	2,002,077	1,399,547	653,694	1,750,371	4,329,921	2,934,861	1,520,980	1,053,724

그림 5-4: 핵심만 있는 예시(핵심 100%)

| | 티커 | 비율 | 매년 연초에 사서 1년만 보유한 경우 | | | | | 연초에 사서 몇 년 동안 가지고 있던 경우 | | | |
| | | | 1년마다 퍼포먼스 | | | | | 5년간 | 4년간 | 3년간 | 2년간 |
			2019	2020	2021	2022	2023	2018-2023	2019-2023	2020-2023	2021-2023
핵심	VOO	40%	31.4%	18.3%	28.8%	-18.2%	26.3%	106.9%	57.5%	33.1%	3.4%
	VTI	30%	30.7%	21.1%	25.7%	-19.5%	26.0%	101.7%	54.4%	27.5%	1.4%
	VT	30%	26.8%	16.6%	18.3%	-18.0%	22.0%	74.9%	38.0%	18.3%	0.1%
핵심전체		100%	29.8%	18.6%	24.7%	-18.5%	25.0%	95.8%	50.7%	27.0%	2.5%
위성	AAPL	0%	89.0%	82.3%	34.6%	-26.4%	49.0%	408.7%	169.2%	47.7%	9.7%
	MSFT	0%	57.6%	42.5%	52.5%	-28.0%	58.2%	289.9%	147.4%	73.6%	13.9%
	AMZN	0%	23.0%	76.3%	2.4%	-49.6%	80.9%	102.3%	64.5%	-6.7%	-8.9%
	GOOGL	0%	28.2%	30.8%	65.3%	-39.1%	58.3%	167.3%	108.6%	59.4%	-3.6%
	META	0%	56.6%	33.1%	23.1%	-64.2%	194.1%	170.0%	72.5%	29.6%	5.2%
	TSLA	0%	25.7%	743.4%	49.8%	-65.0%	101.7%	1019.8%	790.9%	5.6%	-29.5%
	NVDA	0%	76.9%	122.3%	125.5%	-50.3%	239.0%	1395.2%	745.1%	280.2%	68.6%
위성전체		0%									
	Total	100%	29.8%	18.6%	24.7%	-18.5%	25.0%	95.8%	50.7%	27.0%	1.8%
	원금 배수		1.30	1.19	1.25	0.81	1.25	1.96	1.51	1.27	1.02
	100만 엔		1,297,871	1,186,289	1,247,032	814,723	1,249,510	1,957,653	1,507,071	1,269,993	1,017,946

마지막 2개, 핵심만 있는 예시와 가장 공격적인 핵심 40%:위성 60%의 포트폴리오 예시를 비교해 보자. 2018년 연말부터 2023년 연말까지 100만 엔을 5년간 보유한 경우 핵심만 있는 포트폴리오 예시에서는 자산은 약 2배가 되었으나 공격의 예시에서는 자산이 4.3배가 되었다. 가장 보수적인 핵심 80%:위성 20%에서도 핵심만 있는 예시가 2배인데 비해 2.7배가 되었다.

다만 주의해야 할 점은 1년만 보유한 경우의 퍼포먼스는 2022년이다. 공격 40%:60%의 예시는 2022년에 35% 감소했다. 즉 2022년 초에 있었던 100만 엔이 연말에 65만 엔이 된 것이다. 그 기간 핵심 10%의 경우는

18.5%밖에 줄어들지 않았다. 즉 81만 엔이다.

리스크를 잘 이해하지 않고 이익 가능성에만 주목해서 포트폴리오를 짜면 실제로 내려갔을 때 두려워서 팔아 버리는 사람이 매우 많다.

자신의 손실 가능성 허용도를 잘 생각해서 핵심 위성 비율을 결정할 필요가 있다.

주의해야 할 점은 이 4개의 예시는 어디까지나 과거의 실적을 토대로 하고 있다는 것과 매매하지 않고 계속 가지고 있던 경우의 어림이라는 것이다. 실제로 앞으로도 이렇게 된다고 미래를 예상하는 것이 아니다. 또한 계산에 사용한 2019~2023년은 시세 상황이 매우 좋았다는 것도 덧붙여 두겠다. 게다가 예시로 사용한 매그니피센트·7이 과거의 예를 찾을 수 없는 성과를 달성한 시기이기도 하다. 실제로는 공격의 비율을 조절해서 핵심 10% 이상의 성적을 내는 것은 드물 것이다.

시세 상황이 나쁠 때, 혹은 위성의 주식 선택에 실패했다면 각각 증가한 비율과 똑같이 내려갈지도 모른다는 상상도 해 두자. 헷갈린다면 수비의 포트폴리오부터 시작해서 서서히 조절해 가자.

리스크 사이즈를 적정하게❷
포지션 사이즈

///

▶ **평균 포지션 사이즈를 낸다**

$\longrightarrow$

핵심과 위성의 균형을 정했다면 다음으로 위성 중에서 각각의 주식·ETF를 어느 정도씩 보유하는 것이 좋을지 자신의 리스크 허용도를 생각하면서 정해 가자.

이 툴의 사용법은 이 섹션에서 자세히 설명하겠다. 먼저 입력하는 셀에 대해 어떻게 생각해야 좋을지 살펴보자.

먼저 그림 5-5의 위성 비율, 종목수, 현금 비율로 정하는 경우를 보자. 포트폴리오 사이즈는 투자할 수 있는 현금, 위성 비율, 지수 비율은 전 항목에서 정한 핵심과 위성의 퍼센티지다. 위성 종목수는 많을수록 리스크를 분산할 수 있다.

하지만 겸업투자자가 그만큼 많은 기업 분석에 시간을 낼 수 있는지 현실 문제도 있다.

내 느낌으로는 익숙하지 않은 동안에는 개별주는 5종목 정도, 익숙해진 사람은 20종목 정도가 한계가 아닐까 싶다(섹터 ETF 등은 이 중에 포함하지 않았다).

244

그림 5-5: 평균 포지션 사이즈를 정하는 방법 워크시트

위성 비율 , 종목수 , 현금 비율만으로 정하는 경우			
포트폴리오 사이즈	$10,000		
위성 비율	20%		
지수 비율	80%		
위성 종목수	10	5-20	개별 종목수의 범위
위성 현금 비율	20%		
평균 포지션 사이즈	$160	1.6%	포트폴리오에서 차지하는 비율

'위성 현금 비율'에 주목해 보자. 이것은 위성 중에서도 지금 투자하지 않는 돈이다. 새로운 주식·ETF를 구매할 때는 여기로부터 투자한다.

핵심과 위성의 비율을 정했다고 해서 항상 위성 예산의 전액을 투자로 돌릴 수는 없다. 역시 거시적으로 봐서 공격인지 수비인지에 따라 바꿀 필요가 있다.

예를 들어 다음과 같다.

시세 상황이 좋을 때=공격=투자 80%:현금 20%
시세 상황이 나쁠 때=수비=투자 60%:현금 40%

이것은 위성의 비율이다. 핵심은 항상 100% 투자하고, 인덱스 적립은 시세 상황이 좋을 때도 나쁠 때도 묵묵히 지속하는 것이 중요하다.

물론 일시적으로 위성은 현금 100%(위성 투자를 하지 않는다)라는 판단도 있을 수 있고, 그 일부를 핵심으로 돌려 지수 투자해서 핵심·위성 비율을 바꿀 수도 있다.

애초에 어느 때 어떤 비율이 적정하다고 느낄지는 사람에 따라 다르다. 실제로 투자하고, 주가의 업다운에 따라서 자신의 포트폴리오가 어

떻게 바뀌는지, 그때 안심할 수 있는지 탐색해 간다.

여기까지 입력하면 한 종목의 평균 포지션 사이즈가 자동 계산된다. 이것이 자신의 리스크 허용에 맞는 한 종목의 평균 금액이다.

그림 5-5의 예시는 투자에 넣는 금액이 1만 달러라고 하면 위성의 균형은 수비 20%, 위성 현금 비율은 20%로, 10종목에 분산하는 경우다. 한 종목의 평균 포지션 사이즈는 약 160달러로 핵심도 넣은 포트폴리오 전체의 1.6%라는 계산이 된다.

'그렇게 조금?'이라고 놀랐는가? 투자할 수 있는 금액이 1만 달러 있다고 해서 한 주식에 1만 달러를 쏟아붓는 것이 얼마나 리스크 허용도를 무시한 행위인지 다시금 실감할 수 있을 것이다.

내 경우 기업 분석을 해서 장기적으로 보유할 자신 있는 주식이 거시 분석·기술적 분석에서 매우 좋다고 확신이 드는 경우, 포지션 사이즈는 핵심도 넣은 전체의 5% 정도. 그렇게까지 확신은 없이 '일단 사볼까?' 하는 종목은 1%를 기준으로 한다.

▶ 각 종목의 포지션 사이즈를 정한다

여기까지 계산은 10종목을 매수한 경우의 평균 포지션 사이즈다. 그러나 취해야 할 최대 사이즈는 종목의 예상 변동률(하루에 주가가 움직이는 변동 폭=리스크)에 따라서도 바뀐다.

여기부터는 예상 변동률을 근거로 한 포지션 사이즈를 계산하기 위한 사고방식을 소개한다. **중요한 것은 Average True Range(ATR)이라는 수치**다. 가령 애플과 테슬라의 주가가 거의 같다고 해도 애플과 테슬라는 예상 변동률이 다르다. 성장한 느낌이 있는 애플보다 아직 한창 성장하고 있는 테슬라가 시세 변동이 심하다. 그 과거 3주간 변동폭의 평균이 ATR이다.

ATR과 비슷한 수치에 베타(Beta)도 있지만, ATR은 그 주가가 하루에 평균 어느 정도 움직이는지 달러로 표시되므로 포지션 사이즈를 계산할 때 알기 쉽기 때문에 여기에서 채택하고 있다.

그런데 이 샘플 작성 시(2023년 12월 15일) 애플의 ATR은 0.09달러였다 (그림 5-6).

예를 들어 1만 달러를 투자하는 사람이 '하나의 종목 포지션에서 1일 평균 2달러 내려갈 때까지라면 허용 범위 내'라고 생각할 수 있다. 그렇게 되면 다음과 같이 계산한다.

허용 범위 2달러÷ATR 0.09달러=Full Position Size 2.21주

이것이 'Full Position Size', 즉 애플에 투자할 수 있는 최대한의 주가가 된다.

다음으로 이날의 주가로 2주를 구매한다고 하면 얼마를 투자하게 될까? 계산은 간단하다.

Price(이날의 주가) 185.59×2.21주=410.15달러

"이 예산으로 이 정도 허용 범위 내라면 애플의 주식은 약 410달러까지 투자해도 됩니다"라고 할 수 있다. 즉 전체의 약 4%다.

이 툴을 이용하면 '사고 싶다'라고 생각했을 시점의 최대 포지션 사이즈를 계산할 수 있다.

그림 5-6: 최대 포지션 사이즈를 정하는 방법 워크시트 / 애플

Average True Range 를 이용해 최대 투자액을 설정하는 경우			
종목 티커	AAPL		
주가	$185.59		오늘의 주가를 입력
Average True Range	$0.9	0.49%	하루의 주가 평균 변화율
평균 허용 손실 범위	0.02%		
허용 손실 달러	$2.00		각 영업일 1 일 평균으로 1 주에서 나는 손실
최대 주식수	2.21		
최대 투자액	$410.15	4.1%	포트폴리오에서 차지하는 비율

▶ 에버리지 트루 레인지(ATR)에 따른 차이

같은 조건에서 테슬라의 주식을 사는 경우는 어떤지 그 계산은 다음과 같다 (그림 5-7).

테슬라는 ATR이 3.66달러로 애플의 약 3배 변동폭(1.61% vs 0.49)이 있다. 리스크 허용 범위 2달러를 넘고 싶지 않으면 0.55주, 124.16달러까지만 투자할 수 있다. 이것은 전체의 1.2%다.

ATR에 따라 이렇게 다르다.

그림 5-7: 최대 포지션 사이즈를 정하는 방법 워크시트 / 테슬라

Average True Range 를 이용해 최대 투자액을 설정하는 경우			
종목 티커	TSLA		
주가	$227.22		오늘의 주가를 입력
Average True Range	$3.66	1.61%	하루의 주가 평균 변화율
평균 허용 손실 범위	0.02%		
허용 손실 달러	$2.00		각 영업일 1 일 평균으로 1 주에서 나는 손실
최대 주식수	0.55		
최대 투자액	$124.16	1.2%	포트폴리오에서 차지하는 비율

아무 생각 없이 '그냥'이나 '딱 떨어지는 숫자라서' '애플도 테슬라도 2
만 엔씩'이라고 대강 투자금액을 정하면 자신의 리스크 허용도를 무시한
투자가 된다.

이렇게 계산해서 투자하면 주가가 밑으로 움직일 때도 '이 하락 폭은
손절매할 수준이다' '아직 허용 범위 내에 있으니 조급해하지 말고 상황
을 보자'라는 식으로 판단 재료가 되므로 평정심을 잃지 않고 냉정하게
대응할 수 있다. **예상 외로 크게 내려갈 때 평정심을 지키는 것**이 투자의
승패를 가르는 열쇠가 된다.

아무리 리스크를 분산할 작정이라도 주가는 크게 내려갈 때 한꺼번에
함께 내려간다. 한 종목의 하락으로는 지켰던 평정심이 10종목이 전부
한꺼번에 같이 내려간다면 어떻게 해야 하는지 자신이 생각하는 리스크
허용도를 잘 생각해서 포지션 사이즈를 정하자.

ATR ▶ Average True Range. 그 종목의 평균적인 1일의 시세 변동. 최대 리스크를 파악하기 위해 사
용된다.

ATR은 웹사이트 Investing.com의 각 종목 Technical Indicators의 페이지에서 확인할 수 있다. 이 사이트에는 ATR이 평균 주식과 비교해서 Less Volatility(시세 변동이 별로 크지 않다)인지, High Volatility(시세 변동이 크다)인지 알려준다 (그림 5-8).

그림 5-8: ATR의 조사 방법/Investing.com의 화면-애플의 ATR

Apple 185.59 -0.60 (-0.32%)		
Technical Indicators ＞		
Summary: Strong Buy Buy: 10 Neutral: 0 Sell: 1 Jan 11, 2024 09:05PM GMT		
Name	Value	Action
RSI(14)	56.038	Buy
STOCH(9,6)	35.988	Sell
STOCHRSI(14)	68.831	Buy
MACD(12,26)	0.41	Buy
ADX(14)	30.254	Buy
Williams %R	-42.773	Buy
CCI(14)	71.9972	Buy
ATR(14)	1.0193	High Volatility
Highs/Lows(14)	0.2807	Buy
Ultimate Oscillator	54.212	Buy
ROC	0.248	Buy
Bull/Bear Power(13)	0.566	Buy

ATR(14)	1.0193	**High Volatility**

출처:Investing.com

리스크의 분산은 매우 중요하므로 여기에서 조금 자세히 설명하겠다. 1만 달러 투자하는 사람에게 2달러의 허용 범위는 전체의 0.02%다. 만약 10개의 종목에 투자한다고 하면 다음과 같다.

Investing.com 금융 뉴스나 실시간 차트, 포트폴리오, 라이브 주식 시장 데이터 등을 제공하는 금융 정보 포털사이트.

허용 범위 2달러(0.02%)×10종목=허용 범위 20달러(0.2%)

주가는 같은 트렌드로 움직인다는 것을 생각하면 이 경우 **투자한 돈을 매일 평균 20달러(0.2%) 잃을 리스크를 허용**하는 것이다. 마찬가지로 같은 2달러의 손실 허용 범위로 15종목 투자한다고 하면 30달러(0.3%)가 된다.

게다가 위성 이외의 투자 자산은 핵심 투자로 S&P500 등의 지수에 투자한다고 하면 S&P500의 ATR은 환산하면 0.78%. 예를 들어 자산의 80%인 8,000달러를 지수에 투자한다고 하면 핵심 쪽의 1일 평균 손실 가능성은 62달러가 된다.

이 경우 위성의 30달러와 핵심의 62달러로 매일 평균 100달러 가까운 금액이 오르거나 내려갈 수 있다. 그것은 전체의 1%이다. 고작 1%라고 생각할 수 있으나 이것은 매일 평균이다. 주가가 크게 움직이는 날은 이 몇 배나 오르내린다.

헤지펀드 등의 기관투자자는 하루에 운용 자금 전체의 1% 이상 움직이는 날은 별로 없다. 평균적인 헤지펀드가 매년 달성하는 리턴(매니저의 보수를 지급한 후의 순회수)은 한 자릿수 초반이다. 두 자릿수는 가지 않는다. 물론 오랫동안 매년 평균 30%를 때리는 괴물 펀드도 있지만, 그런 펀드는 매우 드물다.

평균적인 펀드는 1년에 7~9% 리턴인데, 하루 평균 1% 이상 움직인다면 큰일이다. 그렇게 예상 변동률이 심하다면 투자자는 점점 자금을 회수할 것이다. **기관투자자는 그 정도로 리스크 관리가 철저하다.**

이렇게 시산하면서 정말로 이 리스크를 허용할 수 있는지, **하루에 그 정도의 자금을 잃어도 스트레스를 느끼지 않고 투자를 지속할 수 있는지,** 몇 번씩 검증하길 바란다.

때때로 SNS나 텔레비전에서 1년에 자산을 3배로 늘렸다거나 100만 엔을 몇 년 만에 1억으로 만들었다는 사람이 나오는 모습을 보고, "나도 가능하지 않을까?"라고 각오를 다질 수 있다. 그러나 그런 사람은 핵심 투자는 하지 않고, 적은 종목에 집중 투자해서 신용을 이용한 레버리지를 걸거나 한다. 즉 대단한 리스크를 감수하는 것이다. 그런 투자에서 성공한 1명의 뒤에는 소중한 돈을 잃은 사람이 몇천 명이나 있다는 것을 잊어서는 안 된다.

우리가 실천해야 할 투자는 견실한 어떤 의미에서는 지루한 투자다. 헤지펀드의 투자 기술은 그런 것이다.

▶ **역산해서 검증한다**

→

여기까지 각 종목의 포지션 사이즈에 주목했다.

반대로 ATR을 이용해 각 종목의 하루 움직임으로 자신의 포트폴리오

전체가 몇 % 움직이는지를 산출할 수 있다.

애플의 경우로 살펴보자. 먼저 좀 전의 그림 5-6에서 ATR로 구한 애플의 최대 포지션 사이즈는 약 400달러였다. 포트폴리오의 4%다.

만약 포트폴리오의 1%를 애플에 투자한다면 최대 포지션의 4분의 1이므로 하루의 허용 범위 리스크인 2달러의 4분의 1, 즉 50센트 움직인다는 계산이 나온다. 한 종목당 하루에 자신의 포트폴리오 전체의 0.005%밖에 내려가지 않는 대신에 0.005%밖에 오르지 않는다. 즉 크게 줄어들지 않는 대신에 크게 늘어나지 않는다는 것을 알 수 있다.

애플에 투자해서 좀더 자신의 포트폴리오를 키우고 싶다면 하루의 허용 범위 리스크의 상한을 2달러에서 5달러로 올리고, 과감히 전체의 10% 정도까지 포지션을 올려야 한다고 생각할 것이다. 그렇게 하면 이번에는 또 리스크 허용도에 대해 어떻게 해야 하는지 시뮬레이션해 보고, 자기 자신과 대화하면서 포지션 사이즈를 정해 간다.

★ 포지션 사이즈를 정하는 법 ★

• 투자에 따라 발생하는 하루의 허용 범위 손실을 최소한으로 억제하고 싶다면 동시에 자산이 크게 늘어나는 일도 없다.

• 이 책의 툴을 이용해 리스크 허용도와 시뮬레이션을 반복해서 자신에게 맞는 포지션 사이즈를 정한다.

손실을 필요 이상으로 키우지 않는다
(손절매의 규칙)

//

▶ **사실은 여기에서 전문가와 아마추어가 나뉜다**

투자에서 물러나지 않는 철칙의 첫 번째가 리스크 사이즈를 적정하게 하는 일이다.

두 번째는 손실을 필요 이상으로 크게 하지 않는 일이라고 했다. 즉 **손절매 규칙을 철저히** 지켜야 한다.

손절매는 투자 시 주가가 내려갔을 때 매도하는 일이다. 손실을 키우지 않으려면 어디에서 손절매할지 투자하기 전에 정해둘 필요가 있다.

자신의 예측이 맞지 않았을 때 어떻게 할지를 사전에 정해 두지 않으면 주가가 주르르 내려갈 때 손쓰기가 쉽지 않다. '지금 와서 파느니 오르는 것을 기다리는 편이 낫겠어'라는 마음에 묻어둔 채 내려가는 것을 보기만 하게 된다. 포트폴리오의 현금 비율도 낮은 채라서 다른 미국 주식·ETF에 매수 기회가 있어도 묻어둔 주식 탓에 기회를 잘 살리지 못할 수 있다.

그렇게 되지 않도록 **사는 시점에서 손절매의 규칙을 자세히 정해 두자.** 그리고 바람직하지 않은 현상이 일어났을 때는 냉철하게 그 규칙에 따르길 바란다.

"좋아, 알겠어"라면서 페이지를 넘기기 전에 한 가지 더 말해 두겠다. **손절매의 규칙에 따르는 것은 상상 이상으로 어려운 일이다. 30년 동안 투자하고 있는 나조차도 어렵다.**

지금도 역시나 실패할 때가 있다.

손절매는 비유한다면 "네 친구가 뒤에서 험담하는 모양이야"라는 소문만으로 그 친구와 절교하는 일이다. "네 남편이 바람피우고 있대"라는 소문만 듣고 이혼하는 일이다. 실생활이라면 정말 험담을 하고 다니는지 확인해 보거나 바람피우는 현장을 파악한 뒤에 어떻게 할지 생각하거나 대화를 나눌 것이다. 그러나 손절매는 그 타이밍에서 이미 늦었다. 정말 마음에 들어서 산 주식과 '그럴지도 몰라'라는 단계에서 이별해야 한다. 아무래도 믿고 싶다는 심리가 솟아오르는 것이 사람의 마음이다. 그래서 손절매는 어려운 것이다.

인간관계는 신중하게 다가서야 하는 법이지만, 투자에 정(정)은 금물이다. 부디 굳은 의지로 손절매 규칙을 관철하길 바란다.

▶ 손절매에 정답은 없다

손절매의 규칙에는 정답이 없다는 것도 어려운 점이다. 규칙은 여러 가지 정하는 방법이 있고, 전부 일장일단이 있다. 무엇보다 자신이 실행하기 쉽거나 하기 어렵다는 상성도 있다.

먼저 **채택하는 사람이 많은 규칙을 소개할 테니 자신이 지키려고 생각**

그림 5-9: 손절매의 규칙 장점과 단점

방법	장점	단점
% 로 정한다 (역지정가 있음)	• 의지가 약하더라도 시장을 매일 보지 않아도 손절매할 수 있다 • 최대 손실액을 미리 정할 수 있다 • 간단하고 알기 쉽다	• 역지정가 주문을 겨냥한 공격에 당한다 • 시세와 관계없는 자신의 취득 단가에 따르므로 랜덤한 지점에서 팔게 될 수도 있다
% 로 정한다 (역지정가 없음)	• 역지정가 주문을 겨냥한 공격을 당하지 않는다 • 최대 손실액을 미리 정할 수 있다 • 간단하고 알기 쉽다	• 의지가 약하거나 시장을 매일 보지 않으면 손절매해서 손해가 난다 • 시세에 관계없는 자신의 취득 단가에 따르므로 랜덤한 지점에서 팔게 될 수도 있다
차트로 정한다	• 주가가 본격적으로 무너지기 전에 매도할 가능성이 있다 • 기술적 분석으로 아직 건강한 주가를 매도할 가능성이 적다	• 의지가 약하거나 시장을 매일 보지 않으면 손절매해서 손해가 난다 (역지정가 있음 · 없음의 특징도 해당된다)
업적 , 뉴스 · 이벤트로 정한다	• 분석에 자신이 있다면 이것이 가장 편안한 헤지펀드의 손절매 방법 • 자신에게 그 주식을 보유할 데이터가 무너지면 바로 팔기 때문에 주가가 무너지기 전에 매도할 가능성이 있다	• 해석의 폭이 넓으므로 자신의 분석에 상당히 자신이 있어야 한다 • 의지가 약하거나 시장을 매일 보지 않으면 손절매해서 손해가 난다 • 안 좋은 결산이나 뉴스 후에 매도하는 경우 주가가 이미 무너진 후에 팔게 된다

하는 것을 골라서 다음 투자에 활용하자. 지키지 못하면 다음에는 다른 방법을 채택하고, 자신에게 가장 맞는 규칙을 찾기 바란다.

전부 채택한다고 해도 중요한 것은 투자를 시작하는 시점에서 손절매하는 수준을 정해 두는 일이다.

종이에 써서 방에 붙여 놓았으면 할 정도다. 그렇게까지 하지 않아도 268쪽의 트레이드 일기에는 반드시 기재해 두자.

역지정가 주문 가격이 상승해 지정한 가격 이상이 되면 사거나 가격이 내려가서 지정한 가격 이하가 되면 파는 주문 방법.

▶ %로 정한다(역지정가를 설정한다)

"매수한 주가보다 ○% 내려가면 팔겠습니다"라고 정해 둔 손절매 규칙. 확실히 실행하기 위해 증권회사의 계좌에 "○달러 이하가 되면 팝니다"라고 역지정가 주문을 넣어 둘 수 있다. 가령 100달러로 산 주식을 90달러에 역지정가를 설정하면 90달러보다 내려간 다음 시장가 주문으로 팔리므로 좀더 주가가 내려가기 전에 팔 수 있다.

시장가 주문은 간단히 말해 "그 금액으로 사겠습니다"라는 사람이 나타났을 때 그 사람의 말하는 값에 거래하는 일이다. 예를 들어 90달러 매도 역지정가를 설정하면 89.99달러에 거래되는 다음의 지정가가 89달러 매수인 경우 그 금액으로 거래된다.

이 규칙의 이점과 단점은 그림 5-9에 나온 내용대로이지만, 역지정가 주문을 겨냥한 공격에 당한다는 것이 이해하기 어려울 수도 있다. 이것은 역지정가가 같은 지점에 몰리기 쉬운 주식의 성질에서 비롯된다.

모두 같은 차트를 보고 주식을 매수한다는 것은 '여기에서 사면 기회다'라는 판단이 비슷해서 살 타이밍도 비슷해진다는 말이다. '○% 내려가면 팔겠다'라는 정도의 차이는 있다고는 하나 대개 비슷한 지점에 역지정가도 몰린다. 특히 **트렌드 라인이나 이동평균선의 지지선보다 조금 밑에 몰리는 경향**이 있다. 그렇다는 것은 일단 역지정가의 주가가 깨지면 한꺼번에 시장가 주문이 들어오게 되어 확 내려간 지점에서 시장가로 팔리기 쉽다.

즉 역지정가가 몰려 있을 만한 근처까지 주가가 내려가도록 대량으로 공매도 주문을 넣고, 개인투자자의 역지정가가 발동해서 주가가 상당히 내려간 지점에서 주식을 재매입하는, 역지정가를 겨냥한 공격을 하는 데이트레이더나 헤지펀드도 많다. 평소 역지정가를 설정한 사람은 먹이가 되어 한순간 확 내려간 주가의 저가에서 팔게 되고, 그 직후에는 주가가 돌아오는 상황이 된다.

▶ %로 정한다(역지정가를 설정하지 않는다)

이런 역지정가의 단점이 싫어서 일부러 역지정가를 설정하지 않고, 정해 놓은 %보다 내려간 다음날 시초에 시장가로 판매하거나 정해 놓은 %보다 내려가서 다음에 조금이라도 오른 지점에서 판매하는 규칙을 채택하는 사람도 있다. 그러면 역지정가로 손해를 볼 리스크는 없다.

하지만 역지정가를 설정하지 않으면 무심코 주가를 보지 않은 며칠 동안 대폭으로 내려가는 위험성도 있다. 혹은 주가를 봤다고 해도 결국 감정에 휘둘려서 정한 규칙을 지키지 못하는 일도 있다. 어느 쪽이든 일장일단이 있다.

▶ 차트로 정한다

CHAPTER 4에서 설명했듯이 기술적 분석으로 '200일 이동평균선이 아래를 향하면 손절매한다' '데드크로스하면 손절매한다'라는 규칙을 말한다.

'%로 정한다'는 규칙은 손실액을 미리 정해 두는 이점과 간단하고 알기 쉽다는 이점이 있지만, 어디까지나 자신이 매수한 주가가 기준이 된다. 말하자면 자기중심적인 규칙이다.

실제 주식의 움직임에 자신이 매수한 주가는 관계가 없다. %로 정하는 규칙에서 손절매하기 전에 차트는 아직 건강할 수도 있다.

그렇기도 해서 **나는 차트를 중시해 손절매 규칙을 채택**하는 경우가 대부분이다.

다만 차트의 해석에는 폭이 있다.

판단 자체가 어려운 일도 있고, 자신의 판단이 잘못되었을지도 모른다는 느낌이 솟아올라서 '여기에서 팔지 않는 편이 나을 것 같아'라는 생각으로 실행을 미루기 쉽다.

또한 이동평균선은 과거 일정 기간의 주가의 평균이므로 그것을 보고 정하는 것은 아무리 노력해도 며칠 정도 선수를 빼앗기게 된다. 최대한 빨리 팔아서 최대한 손절매의 폭을 적게 하고 싶은 사람에게는 단점일 수 있다.

시초 증권거래소의 거래에서 오전장(오전 중의 거래)와 오후장(오후의 거래)의 가장 처음에 대한 거래를 말한다.

기업 업적과 뉴스 이벤트로 정한다

'결산 숫자가 2번 연속으로 나쁘면 판다'라거나 내 아마존 주식처럼 1차 정보로 '흐름이 바뀌었다고 생각하면 판다'라는 경우도 있다. 차트보다도 해석의 폭이 더욱 크기 때문에 의지를 상당히 굳게 가지지 않으면 규칙을 철저히 지키기가 어려울 수 있다. 하지만 이 방법으로 성공하는 사람도 많다.

기본적 분석에 중점을 두는 헤지펀드가 보유주를 처분하는 경우 업적 악화나 예상했던 캐털리스트(주가를 움직이는 뉴스나 이벤트)가 생각대로 가지 않았던 경우가 많다.

손절매의 이점

규칙 설정 자체에 정답은 없지만, <mark>규칙을 사전에 정해두는 일, 정한 규칙을 지키는 일, 이것은 정말 올바른 행위</mark>다.

손절매하면 그 시점에서 손해가 확정된다.

'계속 가지고 있으면 오를 가능성도 있지 않을까?'라고 생각할 수 있으나 손실이 커질 가능성도 있다.

실제로 손절매하자마자 주가가 오르기 시작하는 것은 매우 자주 있는 현상이다. 모두 비슷한 수준에서 손절매를 설정하기 때문이다. 자신의 손절매 규칙을 깨고 계속 가지고 있었더니 주가가 돌아와서 크게 이익을 봤다는 경험도 나 역시 몇 차례 있다. 하지만 <mark>그런 종류의 경험은 장기적</mark>

으로는 단점이 된다고 본다. 자신의 규칙을 지키는 굳은 의지를 약하게 하는 재료가 되기 때문이다.

맨 처음에는 손절매를 실행하기가 어려울 것이다. 하지만 손절매는 하면 할수록 익숙해진다. 그리고 아무리 손실이 나와도 대부분 '손절매해서 다행이다'라고 나중에 생각할 것이다. 인생도 마찬가지다. **명확하지 않은 상태로 지속하기보다 과감하고 확실하게 정산하는 편이 적극적인 마음으로 다음을 향할 수 있다.**

한 번 손실을 봐도 다시 분석한 결과 역시 그 주식이 좋다고 재확인한다면 또 타이밍을 봐서 재구매하면 된다. 그때 산 값이 손절매한 수준보다 올랐다고 해도 신경 쓰지 않는다. 같은 주식이든 다른 주식이든 손절매해서 현금으로 두면 기회일 때 매수 기회를 놓치지 않을 수 있다.

계속 내려가는 주식을 묻어두고 있으면 새롭게 살 현금이 없어서 또 투자할 의욕이 솟지 않는다. 이만큼 정신 건강에 나쁜 일은 없다. 큰 기회의 손실이다.

부디 손절매도 적극적으로, 냉철하게 실행하길 바란다.

마지막으로 하나만 말해 두자면, 오히려 **이 주식은 절대로 손절매하지 않는다**는 규칙도 있을 수 있다.

자신의 분석에 자신이 있어서 '이것은 정말 좋은 주식이니까 아무리 내려가도 손절매하지 않을 거야'라고 미리 정했다면 자신의 분석 데이터가 깨지지 않는 한 아무리 내려가도 손절매하지 않는다는 규칙을 굳게 지킬 필요가 있다.

　가장 안 좋은 것은 손절매하지 않는다고 말하면서 50%나 내려간 후에 '역시 내가 틀렸던 건가?'라는 식으로 마음이 약해져서 바닥에서 파는 일이다.

　손절매하지 않는다고 정했다면 자신의 분석에 자신감과 책임을 지니고 규칙을 고수하자. 굳은 의지를 보여야 한다. **가벼운 마음으로 하는 투자는 전부 시세의 마물에 잡아먹힐 것이다.**

◄★ 손절매의 규칙 ★►

- 손절매란 손실을 더이상 키우지 않기 위해 하는 것이다.
- 사는 시점에서 손절매의 규칙을 자세히 정해둔다.
- %로 정한다, 차트로 정한다, 업적으로 정한다 등 손절매의 규칙은 저마다 다르다.
- 스스로 정한 규칙을 철저히 지켜야 한다.

이익 실현의 규칙

▶ 이익 실현도 손절매처럼 어렵다

주가가 아무리 올라도 이익 실현을 하기 전까지는 미실현 이익이다. 이익 실현은 손절매의 반대로 이익을 확정시키기 위해 파는 일이다. 이익 실현의 규칙도 정해두자.

'모처럼 오른 주식을 파는 것은 아깝다'라고 생각할 수도 있지만, 그것이 이익 실현의 어려움이다. 주가가 좀더 올라갈지도 모르고, 갑자기 내려갈지도 모른다.

역시 **규칙을 정해서 꾸준히 이익을 확정하지 않으면 그림의 떡**으로 끝날 가능성이 있다.

이익 실현의 규칙을 정하는 방법도 손절매와 비슷하다. 또한 손절매의 규칙과 마찬가지로 정답이 없다기보다 자신이 지키기 쉬운 규칙이 정답이라는 부분도 비슷하다. 그리고 정한 규칙에 냉철하게 따라야 하는 것도 완전히 같다.

▶ 이익 실현의 유형

%로 정하는 사람은 '15% 오르면 반을 팔고, 21% 오르면 전부 판다' '2 배가 되면 원금을 판다'라는 식으로 다양하게 설정한다. 2배가 되어 원금을 팔면 원금이 돌아오므로 절대 손실이 나지 않게 된다. 'ㅇ달러 이상이 되면 판다'라는 지정가도 할 수 있다.

차트로 정한다면 CHAPTER 4의 내용을 적용해서 규칙을 설정하자. '200일 이동평균선이 아래를 향하면 판다' '데드크로스하면 판다'라는 식이다.

차트로 정하면 역시 선수를 빼앗겨 정점에서 떨어지는 지점에서 팔게 된다. 하지만 어디가 정점이었는지는 나중에 아는 것이다. **그대로 오를지도 모르는 것에서 빨리 손을 떼기보다 정점을 놓쳐도 트렌드가 바뀐 것을 확신한 뒤에 손을 떼는 편이 낫다**고 생각한다.

기업 업적으로 정하는 사람은 역시 '2번 연속으로 결산 숫자가 나쁘면 팔아서 이익 실현한다'라는 규칙을 설정한다.

손절매에서도 마찬가지지만, 결산 숫자가 1번 나쁜 것은 어느 기업이든 꽤 있는 일이다. 하지만 2번 연달아 나쁘다면 무시할 수 없는 요인이 있을 것이다. 일단 팔고 다시 자세히 기업 분석을 해 보자. 이렇게 상황을 보면서 '2번 연속으로 결산이 좋으면 다시 매수한다'고 결정하는 사람

원금 ▶ 주식이나 채권 등의 투자를 할 때 필요한 구입의 밑천이 되는 돈.

도 있다.

그 외에 '성장주가 성장이 아니게 되면 판다'는 사람도 있다. 확인이 어렵지만, 성장 기업이 '배당을 늘리고', 자사주 매입을 한다는 발표를 하면 '성장이 둔화되었다'고 판단할 수 있다.

★ 이익 실현의 규칙 ★

- 규칙을 정해서 꾸준히 이익 실현을 해둔다.
- 차트로 정한다면 빠르게 손을 떼기보다 트렌드가 끝난 것을 확신한 뒤 손을 떼는 편이 낫다.

최종적으로 투자는 **심리전**

 **완전 같은 시세라도
생각하는 것은 180도 다르다**

손절매, 이익 실현에 국한되는 것이 아니라 투자의 어려움은 정답이 없다는 점에 있다. 같은 종목에서 같은 차트를 봐도 단기 트레이드를 하는 사람은 '지금은 하락세이니까 팔자'라고 생각해서 팔고, 중기 트레이드를 하는 사람은 '가격이 내려갔으니 기회다'라고 사기 시작한다. 어느 쪽도 정답이며, 어느 쪽도 오답이 될 수 있다.

그래서 자신에게 정답을 도출할 수 있도록 이 책에서는 그 순서와 기준이 되는 이론, 규칙을 정하는 방법에 대해 지면을 할애했다. 다만 그래도 틀리는 경우가 있다. 전문가도 숙련자도 트레이드 하나하나가 정답일 가능성은 50% 정도다.

주가가 이상한 움직임을 보이면, '시장이 정답이다. 내가 틀렸다'라고 인정하고 기술적 분석에 힌트를 얻으면서 다음 정답을 탐색할 필요가 있다.

규칙을 냉철하게 지킨다고 몇 번이나 썼지만, 여기가 매우 어려운 부분이다. **투자를 하다 보면 미리 정한 규칙과 자아를 버린 유연한 사고의 양쪽이 필요하다**고 통감하는 상황이 분명히 있다. 지나치게 완고해도 안 되고, 시장에 지나치게 동조해서 방침을 쉽게 바꿔도 잘되지 않는다.

대인 스포츠의 작전과 비슷하게 완벽한 플랜을 짜도 상대가 어떻게 나오는지에 따라 시합 중에 작전을 변경할 수 있다. 그럴 때가 오면 반드시 떠올리길 바란다. 투자는 결국 심리전이며 투자에 실패해서 물러나는 사람은 대개 분석을 틀린 것이 아니라 심리전에 져서 물러나는 법이다.

▶ 시장은 놀랄 정도로 마음의 미세한 부분을 찌른다

내 노트북에 스파이 카메라가 달려 있는 것이 아닐까 생각할 정도로 매도한 순간에 주가가 오르거나 매수한 순간에 주가가 내려가는 일이 있다. 이럴 때는 정말 감정이 북받쳐서 판단력이 흐려진다.

수익을 내고 싶다는 욕심이나 손해를 보고 싶지 않다는 두려움, 자신만 뒤떨어지는 것이 아닌가 하는 FOMO, 항상 매매하고 싶어서 과도하게 긍정적이 되는 감정, 내려갔을 때 당황해서 급하게 매도하는 일, 전부 감정이 부른 재앙이다. 감정에 사로잡혔을 때 사람은 판단을 잘못한다. 자신이 움직이기 바라는 것과는 반대의 방향으로 시장이 움직인다.

전문가도 감정을 배제하기는 어렵기 때문에 재량을 배제한 AI 알고리즘을 구사하거나 프로그래머를 몇 명 고용해서 조건에 따라 컴퓨터가 자동으로 매매하는 프로그램 트레이딩을 하기도 한다. 애초에 **'인덱스펀드가 강하다' '매입원가 평균법의 적립식 투자가 유리하다'라고 하는 것은 감정이 얽히기 않기 때문**이다. 하지만 우리는 핵심 100%보다 플러스 리턴을 노리려고 한다.

그렇다면 어떻게 감정을 배제할 수 있을까? 그 대답이 트레이드 일기를 쓰는 일이다.

트레이드 관리

 **자신의 트레이드에서 배우는 것이
성장의 지름길**

본편의 끝에 가까워지는 지점에서 새삼 투자의 어려움을 언급하는 것은 트레이드 관리가 얼마나 중요한지 알았으면 하기 때문이다.

자신의 정답을 가지고 있으면서도 유연하게 사고하고, 최대한 감정을 배제한다. 손절매해도 그 실패를 다음에 경험으로 살려 전체적으로 손해를 보지 않는 투자를 목표로 한다. 그러기 위한 트레이드 관리의 핵심이 되는 툴을 이 책을 위해 생각했다. 그것이 트레이드 일기다.

헤지펀드 등 전문 애널리스트는 **'왜 이 종목에 투자하는가?'**에 대해 프레젠테이션하기 위해 자료를 작성한다. 또한 막상 투자하게 되면 **매일의 트레이드나 그날의 포지션을 자료에 정리**해 보고한다.

그 축소판으로 개인용으로 생각한 것이 이 책의 트레이드 일기다. 처음 위성 투자를 하는 사람에게 크게 부족하지 않도록 하려고 나도 일정 기간 사용해 보고 쓰기 편리하게 개량했다.

주식을 매수하기 전에 쓰는 칸과 주식을 매도한 다음에 쓰는 칸이 있다. 각각 기입 자체는 5분도 걸리지 않을 것이다. 엄청난 수고를 들이는 일이 아니다.

그러니 **트레이드 일기를 쓰기 전에 반드시 '그 주식·ETF는 사면 안 된**

다'라는 식으로 규칙을 정하자. 그 사전준비 5분이 자신의 정답을 정리하는 시간이 된다.

매수한 후 예상과 다를지도 모른다는 생각이 들 때마다 일기의 내용을 살펴보자. 일시적인 감정에 사로잡혀서 내던지고 싶을 마음을 가라앉힐 수 있다. 덕분에 다시금 냉정하게 판단할 수 있다.

예상대로 주가가 움직이지 않을 때도 일기에 쓴 규칙을 지켜 이익 실현이나 손절매를 한다.

투자는 올바르게 분석해서 올바른 행동을 해도 제대로 되지 않는 경우가 있다. 반대로 올바르지 않게 분석을 하고 옳지 않은 행동을 해도 제대로 되는 경우도 있다.

과학과 예술이 뒤섞여 있기 때문이다.

따라서 그때마다 "내 투자 판단이 옳지 않았는가?" "운에 따른 결과인가?"를 자문하는 일도 중요하다.

올바른 일을 해서 제대로 된 일도, 옳지 않은 일을 해서 실패한 일도 재현성이 있다. 하지만 운에는 재현성이 없다.

매수한 주식이 올랐다고 해도 그것은 생각한 이유 때문인가? 아니면 예상하지 못했던 일이 일어나서 올랐는가? 그렇다면 최저 3개월은 가지고 있자고 생각했는데, 조금 올랐다고 팔고 싶어져서 예정 외의 이익 실현을 했는가?

매수했을 때의 이유를 써 두면 재현성이 있는 수익인지, 운으로 얻은 수익인지, 자문할 수 있다. 재현성이 있는 수익, 그리고 반복을 막을 수 있는 손실, 이것을 반복해서 쌓아 올리면 자신감이 붙어 감정에 휘둘리기 어려워진다.

이익 실현이라도 손절매라도 매도한 후에 돌이켜 보고 트레이드 일기를 사용하자. 그 5분이 올바른 일을 해서 발생하는 성공을 늘리고, 올바르지 않은 일로 발생하는 실패를 줄이며, 예상외의 일이 일어났을 때 유연하게 작전 변경할 힘을 길러준다.

▶ 트레이드 일기를 사용하는 법

그러면 트레이드 일기에 어떤 것을 써야 할지 설명하겠다.

툴 자체는 Notion이라는 어플로 작성했다. 내가 사용하는 Notion은 무료판이다.

Notion은 웹용도 있다.

다만 Notion을 사용하려면 조금 공부가 필요하다. 사용한 적이 없는 사람은 유튜브 등에 튜토리얼이 나와 있으니 도전해 보자. 나는 트레이드 일기 이외에도 매일 사용하고 있고, 미국의 비즈니스 종사자 사이에는 이미 필수품이 되어 있다.

Notion을 습득할 시간이 없는 사람은 Word나 Excel로 견본 포맷을 토대로 용지를 만들어 사용하길 바란다.

이 책의 독자를 위해 작성한 트레이드 일기는 내 Notion의 랜딩 페이지에서 다운로드할 수 있다.

그림 5-10: 마리의 Notion 랜딩 페이지

* 자세한 사용법은 내 유튜브 동영상에서 설명하고 있다
* Notion에 들어간 트레이드 일기의 엔트리는 견본으로 실제 트레이드가 아니다

이 페이지는 내 웹사이트(http://www.maryoakleysan.com/)의 '손해 보지 않는 미국 주식 투자술'의 탭에서 접속할 수 있다. 그 페이지에 이 책 전용 패스워드 Mary-Makenai를 입력하면 Notion의 링크와 그 외 이 책에서 소개한 여러 가지 링크를 정리해서 볼 수 있다.

Notion 어플이나 템플릿의 자세한 다운로드 방법은 이 웹사이트에 기재했다.

이번 장에서는 그 가장 위의 트레이드 일기를 살펴보자.

먼저 가장 위의 트레이드 일기를 클릭해 보자. 다음 페이지가 열린다.

이 페이지에서는 모든 일기의 엔트리가 보인다. 표의 위에 있는 '전체'의 오른쪽에 나열된 각종 탭에서 각 엔트리를 다양한 방식으로 볼 수 있다(아래에서 설명한다).

그림 5-11: 트레이드 일기의 디폴트뷰

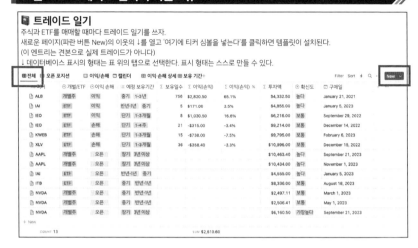

오른쪽 위의 파란 버튼 'NEW'를 누르면, 아래와 같은 '데이터 입력 페이지'가 나온다.

그림 5-12: 트레이드 일기의 데이터 입력 페이지

이 부분은 기계적으로 트레이드 정보를 넣으면 좀 전의 데이터베이스에 정보가 엔트리된다.

이런 기본 정보를 입력해 두면 검색하기 쉬운 일람 표시로 하거나 앞서 표 위에 탭으로 캘린더 표시로 하거나 오픈 트레이드만을 보거나 예정 보유 기간으로 나눠 보거나 자신의 투자 상황을 부감할 수도 있다. 이렇게 하면 자신이 성공하기 쉬운 트레이드의 경향이 보인다. 내 Notion에는 이미 다양한 페이지뷰가 탑재되어 있다. 각각 살펴보자.

그림 5-13: Notion의 뷰 / 오픈 포지션만

↓ 데이터베이스 표시의 형태는 표 위의 탭으로 선택한다. 표시 형태는 스스로 만들 수 있다.

⊞ 전체	⊞ 오픈 포지션	▥ 이익/손해	▭ 캘린더	⊞ 이익·손해 상세	⊞ 보유 기간		Filter Sort ⚡ Q
Aa 티커	🗓 구매한 날	⊙ 확신도	☰ 예정 보유기간	# 구매한 주가	⊙ 이익·손해		
📄 NVDA	May 1, 2023	보통	중기 반년-1년	$278.49	오픈		
📄 NVDA	March 1, 2023	보통	중기 반년-1년	$227.01	오픈		
📄 NVDA	September 21, 2023	가장 높다	장기 3년 이상	$410.70	오픈		
📄 ITB	August 18, 2023	보통	중기 반년-1년	$83.36	오픈		
📄 IAI	January 5, 2023	높다	반년-1년 중기	$91.10	오픈		
📄 AAPL	September 21, 2023	높다	장기 3년 이상	$174.39	오픈		
📄 AAPL	November 1, 2023	높다	장기 3년 이상	$173.90	오픈		

그림 5-14: Notion의 뷰 / 이익 트레이드·손해 트레이드

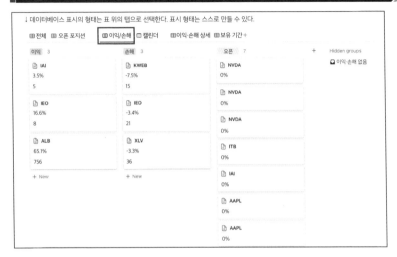

타일에는 티커, 결과 %, 보유 기간이 쓰여 있다. 타일에 표시된 정보
는 스스로 바꿀 수 있다.

그림 5-15: Notion의 뷰 / 캘린더 뷰

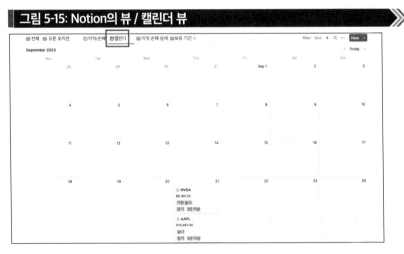

이쪽도 표시하는 정보를 스스로 커스터마이즈할 수 있다. 타일을 클
릭하면 그 트레이드의 엔트리 상세로 넘어간다.

그림 5-16: Notion의 뷰 / 이익 트레이드·손해 트레이드 상세

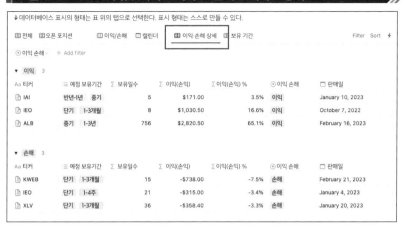

↓ 데이터베이스 표시의 형태는 표 위의 탭으로 선택한다. 표시 형태는 스스로 만들 수 있다.

⊞ 전체 ⊞ 오픈 포지션   Ⅲ 이익/손해 ⊞ 캘린더   ⊞ 이익·손해 상세 ⊞ 보유 기간   Filter Sort ⚡

⊙ 이익 손해 ⌄   + Add filter

▼ 이익 3

Aa 티커	≡ 예정 보유기간	Σ 보유일수	Σ 이익(손익)	Σ 이익(손익) %	⊙ 이익 손해	☐ 판매일
🗋 IAI	반년-1년 중기	5	$171.00	3.5%	이익	January 10, 2023
🗋 IEO	단기 1-3개월	8	$1,030.50	16.6%	이익	October 7, 2022
🗋 ALB	중기 1-3년	756	$2,820.50	65.1%	이익	February 16, 2023

▼ 손해 3

Aa 티커	≡ 예정 보유기간	Σ 보유일수	Σ 이익(손익)	Σ 이익(손익) %	⊙ 이익 손해	☐ 판매일
🗋 KWEB	단기 1-3개월	15	-$738.00	-7.5%	손해	February 21, 2023
🗋 IEO	단기 1-4주	21	-$315.00	-3.4%	손해	January 4, 2023
🗋 XLV	단기 1-3개월	36	-$358.40	-3.3%	손해	January 20, 2023

그림 5-17: Notion의 뷰 / 예정 보유 기간별 상세

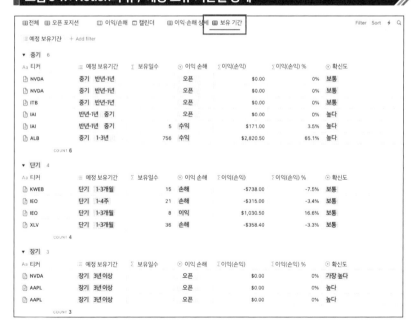

⊞ 전체 ⊞ 오픈 포지션   Ⅲ 이익/손해 ⊞ 캘린더   ⊞ 이익·손해 상세 ⊞ 보유 기간   Filter Sort ⚡ Q

≡ 예정 보유기간   + Add filter

▼ 중기 6

Aa 티커	≡ 예정 보유기간	Σ 보유일수	⊙ 이익 손해	Σ 이익(손익)	Σ 이익(손익) %	⊙ 확신도
🗋 NVDA	중기 반년-1년		오픈	$0.00	0%	보통
🗋 NVDA	중기 반년-1년		오픈	$0.00	0%	보통
🗋 ITB	중기 반년-1년		오픈	$0.00	0%	보통
🗋 IAI	반년-1년 중기		오픈	$0.00	0%	높다
🗋 IAI	반년-1년 중기	5	수익	$171.00	3.5%	높다
🗋 ALB	중기 1-3년	756	수익	$2,820.50	65.1%	높다
COUNT 6						

▼ 단기 4

Aa 티커	≡ 예정 보유기간	Σ 보유일수	⊙ 이익 손해	Σ 이익(손익)	Σ 이익(손익) %	⊙ 확신도
🗋 KWEB	단기 1-3개월	15	손해	-$738.00	-7.5%	보통
🗋 IEO	단기 1-4주	21	손해	-$315.00	-3.4%	보통
🗋 IEO	단기 1-3개월	8	이익	$1,030.50	16.6%	보통
🗋 XLV	단기 1-3개월	36	손해	-$358.40	-3.3%	보통
COUNT 4						

▼ 장기 3

Aa 티커	≡ 예정 보유기간	Σ 보유일수	⊙ 이익 손해	Σ 이익(손익)	Σ 이익(손익) %	⊙ 확신도
🗋 NVDA	장기 3년 이상		오픈	$0.00	0%	가장 높다
🗋 AAPL	장기 3년 이상		오픈	$0.00	0%	높다
🗋 AAPL	장기 3년 이상		오픈	$0.00	0%	높다
COUNT 3						

이쪽도 성공한 패턴을 파악하는 데에 사용할 수 있다.

이 템플릿에는 이미 이런 뷰의 기능이 있다.

스스로 기존의 뷰를 커스터마이징하거나 새로운 뷰를 만들 수 있다. 이런 점이 Notion의 강점이다.

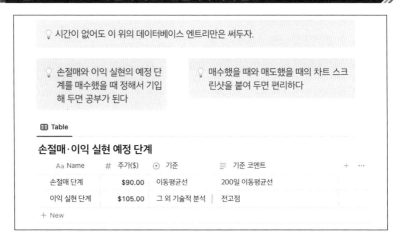

그림 5-18: Notion의 입력 화면 / 손절매와 이익 실현

기본 정보에 이어서 각 엔트리의 아래 부분에는 차트의 스크린샷과 자신의 감정, 이익을 본 이유, 정보 출처 등도 메모할 수 있게 되어 있다. 이 아래 부분이 실제 일기에 해당하며 나중에 트레이드를 돌이켜볼 때 많이 쓰여 있을수록 장래에 참고가 된다. 시간이 허락하는 한 상세하게 기입해 두자.

게다가 그 주식을 사는 이유나 이 주식에 주목했던 정보 소스에 대해 의견을 쓴다. 투자를 시작할 때의 감정을 체크하는 곳도 마련했다.

그림 5-19: Notion의 입력 화면 / 매수할 때·매도할 때의 차트 스크린샷

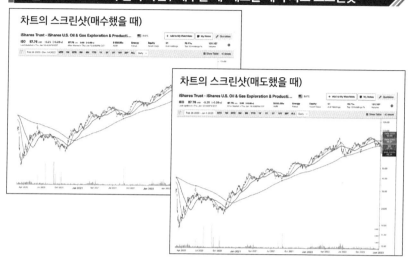

그림 5-20: Notion의 입력 화면 / 매수한 이유·감정의 지표

⊞ Table

매수한 이유

Aa Name   ≡ 노트

1. 200일 이동평균선이 깨끗하게 위를 향함
2. 200일 이동평균선까지 돌아가서 바운스
3.

아이디어를 얻은 이유·출처   차트, 워시리스트

+ New

⊞ Table

매수했을 때 감정의 지표

Aa Name   ⊙ Tags   ≡ 노트

공포   2. 강하다

흥분(FOMO)   3. 보통   CPI가 좋아졌으므로 시세는 앞으로 성장할 것

기타

+ New

여기까지 끝낸 뒤 증권회사의 거래 페이지를 열어 매수한다. 이런 습관을 들이면 상당히 냉정한 트레이드를 할 수 있을 것이다.

주식을 매도했을 때의 데이터 입력 방식은 내 웹사이트와 유튜브 동영상으로 자세히 설명한다.

매도했을 때의 기록에서 중요한 것은 성적만이 아니다. 자신이 팔겠다고 판단한 이유를 명시해 둔다.

이익 실현이라면 성공한 실적으로, 다른 종목이나 다음 투자에 살릴 수 있다. 손절매라면 더욱더 공부가 된다. 왜 손해였는지 생각하거나 자기만의 고찰을 써 보자.

그림 5-21: Notion의 입력 화면 / 매도한 이유·감정의 지표

⊞ Table

매도한 이유

Aa Name	≣ 노트	+ ···
1. 200일 이동평균선보다 확 떨어졌다		
2. 시기가 좋지 않다		
3.		
+ New		

⊞ Table

매도했을 때 감정의 지표

Aa Name	⊙ Tags	≣ 노트	+ ···
공포	2. 강하다		
흥분(FOMO)	3. 보통		
기타			
+ New			

하나 더 공부가 되는 것은 손절매 후의 시세 변동이다. 보고 싶지 않을 때도 있지만, 자신의 이익 실현이나 손절매가 옳은지 잘못되었는지 답을 맞춰 볼 수 있다. 1개월 이상 지난 후에 엔트리를 돌이켜 보고 차트를 조사해서 감상을 써 두자.

그림 5-22: Notion의 입력 화면 / 매도한 후의 차트와 감정·배운 점

매도한 후의 차트

한 달의 하락으로 손절매한 직후, $100 가까이 돌아가서 아까웠지만, 지지선 근처에서 매수했기 때문에 대미지는 3.5%로 끝났다. 그 후 데드크로스해서 주가가 $77까지 내려갔다. 지금 다시 200일 이동평균선의 위에서 정체하고 있으므로 200일 이동평균선이 확실히 상향이 되면 매수를 고려할지도 모르겠다(24년 1월 18일).

희생양이 되지 않도록

//

▶ 다음 모든 것은
투자 사기라고 의심하라

——————————————————————————→

집요하게 또 이야기하지만, 투자에는 손실을 보는 경우도 있다. 트레이드 하나하나에서는 손실을 봐도 상관없다. 하지만 희생양이 되어서는 안 된다.

이렇게까지 집요하게 말할 정도로 투자는 간단하지 않다.

일확천금은 노리지 말라고 했던 것도 그 때문이다. 이것과 반대로 **간단히 돈을 번다, 무조건 이익이 난다는 권유 문구가 있다면 먼저 사기라고 의심**하길 바란다.

'원금 보장으로 10% 이상의 이율'이라는 투자는 지금 저금리의 세계에서는 있을 수 없다. 거짓말도 사기도 아니라면 어떤 구조인지 확실히 이해한 다음 투자하도록 하자.

구조를 이해하지 못하면 투자하지 않는다.

"보통 부유층만 할 수 있습니다" "당신만은 특별합니다"라고 하는 투자 권유는 대부분 사기다.

애초에 미국 시장과 관련된 투자라면 SEC(Security Exchange Commission=미국 증권거래위원회)가 부유층 클래스로 나눠서 투자할 수 있는 범위를 정하고 있다.

또한 신뢰하는 친구나 가족에게 권유를 받은 투자도 지나치게 조건이 좋은 이야기라면 주의가 필요하다. **사기 사례에서 매우 많은 경우가 피해자가 사기를 당하고 있다는 것을 모르고 주변 사람들에게 권해서 피해를 키우는 일**이다. 친구나 가족이 금융 전문가가 아닌 한, 그들 자신이 속고 있을 가능성을 항상 염두에 두기 바란다.

노출이 아주 많은 광고에도 주의해야 한다. 내 X(구 트위터)에도 고액의 투자스쿨 광고를 하지 않겠냐는 권유가 자주 온다. 왜 광고료를 내면서까지 권유를 하냐면 상환이 되기 때문이다. 왜 상환이 되냐면 희생양처럼 돈을 내는 사람이 있기 때문이다.

몇십 만 엔이나 하는 투자 스쿨이나 수수료가 높은 로보 어드바이저에도 주의한다.

리턴으로 바로 상환할 수 있다고 권유를 받으면 45쪽을 다시 읽어 보자. 어드바이스 비용과 특별한 요금을 내는 것은 25억 엔 이상의 자산을 가진 다음에도 늦지 않는다.

▶ 사기 당한 팔로워의 돈을 되찾다

→

수상한 오프쇼어 상품에도 돈을 맡겨서는 안 된다. 국내에 투자한다고 해도 먼저 돈을 맡겨 달라고 해서 모르는 사이트로 유도한다면 이야기를 끝내도록 하자.

원금 보장 ▶ 자금의 운용 기간 전체에 걸쳐서 원금액이 줄지 않는다(원금 손실이 없다)고 보장하는 일.

실제로 내 팔로워 중에 사기를 당할 뻔한 사람이 있었다. "혹시 사기인가요?"라는 상담을 받아서 자세한 이야기를 들어보니 그렇게 조건이 좋은 이야기는 불가능하다는 것을 알았다. 함께 작전을 세워서 500만 엔을 제대로 되찾을 수 있었다.

본편도 드디어 마지막이다. 앞으로도 많은 책을 읽거나 정보를 접하며 투자 공부를 지속하자. 그때마다 재현성은 어떤지, 들어가는 시간·심리면·리스크 허용도까지 전부 자신에게 스트레스가 되지 않는지 잘 살피고, 정보를 잘 선별하길 바란다.

인터넷이나 SNS에서 많은 인플루언서들이 트레이드 아이디어나 리서치 방식을 무료로 가르쳐 준다. 상당수가 선의로 정보를 제공하고 있을 것이다. 하지만 개중에는 고액의 투자스쿨에 권유하거나 트레이드 프로그램을 강매하려고 하는 사람도 있다. 또한 내 주변에도 가짜로 내 행세를 하는 SNS 허위 계정에 유도해서 사기를 치려고 하는 사람이 있다. 차단해도 계속해서 나온다. 부디 그런 곳에 속지 않는 지혜와 지식을 발휘하길 바란다.

오프쇼어 상품 오프쇼어란 '물가에서 떨어져 있는'이라는 의미로 자국이 아닌 국가를 말한다. 다른 나라, 다른 지역에서 팔리는 투자 상품 등을 가리킨다. 자국의 법률이 미치지 않으므로 사기일 가능성을 조사할 필요가 있다.

투자란 묵묵히 착실하게 자신의 지식과 담력을 가지고 시간을 들여 자산을 구축하는 일이다. 스포츠처럼 연습을 쌓아나가서 숙달하는 것이다. 지나치게 달콤한 이야기는 현실에 없고, 갑자기 천재 흉내를 내서 트레이드를 해도 잘 될 수 없다.

자신의 자산을 스스로 지키는 지식을 터득하자. 그러면 가족이 속을 위기에 처할 때 구해줄 수 있다.

★ 투자에는 절대로 성공하는 '마법의 방법'은 없다 ★

· '간단히 수익이 난다' '무조건 돈을 번다' '원금 보장으로 10% 이상의 이율' '원래는 부유층만 가능하다' '당신만 특별하다'는 식의 투자는 거의 사기다.

· 친구나 가족에게 권유받은 투자도 너무 조건이 좋은 이야기라면 주의가 필요하다.

· 투자란 묵묵히 자신의 지식과 담력으로 시간을 들여 자산을 구축해 가는 일이다.

【정보를 모으는 법】

미국의 투자자가 자주 이용하는 정보 소스를 288쪽~290쪽에 정리해두었다. 이 리스트는 Notion에도 들어 있으므로 그 링크에서도 접속할 수 있다.

지금까지 본편에서 다룬 것도 있다.

리스트는 '가장 중요' '중요' '편리'로 나누었는데 **투자 경험이 적은 사람, 시간이 없는 사람, 영어에 저항감이 있는 사람은 가장 중요 정보부터 부딪혀 보자.** 그것만으로도 국내의 정보에 의존하는 것보다 시야가 확 넓어질 것이다.

중요도 순위는 어디까지나 내 주관이다.

다른 것도 살펴보고 가장 중요 사이트보다 유용하다고 생각하면 계속해서 활용하길 바란다.

영어가 서툰 사람은 웹사이트의 문자 정보라면 번역 기능을, 동영상은 자막을 사용하면 거의 해결할 수 있다. 또한 이렇게 점차 정보에 접하다 보면 몇 개월 후에는 투자에 관한 말에 눈과 귀가 뜨여서 점점 이해하게 된다.

All-in, Odd Lots, Masters in Business는 Podcast다. 유튜브에도 올라와서 자막을 이용할 수도 있다.

All-in에서는 벤처 캐피털로 대성공을 거둔 4명이 시세 이야기부터 테크놀로지의 미래, 지정학 등 온갖 정보를 공유해준다. 이것을 들으면

지금 미국의 뛰어난 투자자들이 어떤 생각을 하는지 실감나게 전달된다. 일론 머스크가 등장하기도 하고, 평범하게 살아가는 사람이라면 만날 수 없는 정보도 접할 수 있다.

애초에 이 4명은 자주 모여 포커를 치면서 수다를 떨었다고 하며 "이런 이야기는 분명 모두 듣고 싶어할 것입니다"라는 의견에서 팟캐스트에서 공개를 시작했다고 한다. 그야말로 나눔의 정신이다.

이처럼 리스트에서 가장 중요로 하는 것은 정말로 흥미롭고, 소중한 정보만 있으므로 한번 훑어보고 마음에 든다면 선호하는 SNS나 웹사이트를 보는 감각으로 정기적으로 방문해 보자.

Wall Street Journal은 꼭 미국판을 보기 바란다. 나는 어플을 사용해서 돈을 내고 모든 정보에 접속할 수 있도록 했다. 첫 화면의 헤드라인을 보고 재밌어 보이는 기사만 확실히 읽도록 한다.

다른 사이트가 주로 뉴스인데 비해 **Barron's**는 좀더 심층 분석한 앵글이 있는 리서치 리포트 같은 기사를 읽을 수 있어서 이것도 돈을 내고 주로 주말에 읽는다.

텔레비전에는 **CNBC**를 계속 켜 두고 배경음악처럼 흐르게 한다. 미국에서는 유튜브 텔레비전을 계약했으므로 그 패키지에 들어 있다. 일본에서는 닛케이 **CNBC**를 인터넷에서 볼 수 있다(유료).

그리고 리스트에 들어 있지 않지만, **X(구 트위터)**는 최고의 정보 소스다. 가령 어느 주식이 급격히 폭락하는 경우 그 티커를 X에서 검색하면 대개 이유를 알 수 있다.

어떤 뉴스 사이트보다 빠르기 때문에 귀중한 보물이다. 또한 장문의 시세 관측을 정기적으로 업데이트해 주는 계정도 많으므로 팔로우해 두면 공부가 된다. 다만 편견을 가진 계정이 있는(예를 들어 항상 시세가 안 좋다고 하는 계정) 경우가 많아서 그 경향을 이해한 다음 읽는 것이 중요하다. 역시 영어로 올리는 계정이 정보가 충실하므로 영어가 서툰 사람은 X의 번역 기능을 사용하면 된다.

마지막으로
【~투자를 통해 다른 사람과 연결을 소중히~】

처음 칼럼에 '정보는 인맥에서 나온다'라고 썼다. 이런 정보 소스는 매우 편리하지만, 역시 살아 있는 정보는 다른 사람과의 연결에서 얻을 수 있는 법이다.

실제로 나는 월가의 동종업계 교류회에 적극적으로 참가해서 주 1회는 정기적인 미팅을 한다. 때로는 월가를 나가서 미국 각지에서 머무는 대규모 컨퍼런스에도 출석하고, 나도 스피커로 등단하기도 한다.

이렇게 얻은 정보나 나 자신의 경험, 지식이 여러분에게 도움이 되기를 바라는 마음에서 X(구 트위터)와 유튜브 활동을 시작해서 팔로워를 중심으로 투자 모임도 만들고 있다.

내 투자 모임은 누구든 대환영이지만, 내 모임만이 아니라 커뮤니티에 들어가거나 스스로 공부 모임의 동료를 모집하는 것도 좋다. 자신과 파장이 맞아서 즐겁다고 생각하는 인맥을 소중히 하기 바란다.

정보 교환도 할 수 있고, 'Bounce Off Ideas'라고 하는 "이거 어떻게 생각해?"라고 질문하는 일로 자신의 생각을 정리할 수 있다. 다만 커뮤니티에 들어갈 때는 권유를 목적으로 하거나 큰돈이 들어가는 곳은 주의하길 바란다.

투자를 공부해서 얻을 수 있는 가장 큰 가치는 자산의 증가가 아니라 그렇게 생기는 동료다.

돈보다 훨씬 가치 있는 인생의 보물이 아닐까 싶다.

투자를 통해 여러분의 인생이 다채롭고 풍요로워지기를 바란다!

이월 어느 날
마리- 상

정보를 모으기 위해 사용하는 사이트 리스트

중요도	사이트	유형	코멘트
가장 중요 ★★★	**Koyfin** (https://www.koyfin.com/)	T	내가 사용하는 절대적인 넘버원 사이트. 투자하는 데에 꼭 필요하다. 게다가 대부분은 무료로 이용할 수 있다. 과금 시 내 링크를 사용하면 20% 할인 받을 수 있다.
가장 중요 ★★★	**All-in** (https://podcasts.apple.com/us/podcast/all-in-with-chamath-jason-sacks-friedberg/id1502871393)	P	매주 기대하고 있는 팟캐스트. 빌리어네어, 센티빌리어네어 4명이 매주 생각하는 바를 이야기하는 팟캐스트.
가장 중요 ★★★	**Trading Economics** (https://tradingeconomics.com/calendar)	정	경제 지수 캘린더가 편리하다. 세계의 인플레이션과 경제 지수도 한눈에 비교할 수 있다.
가장 중요 ★★★	**FRED** (https://fred.stlouisfed.org/)	정 G	온갖 경제 데이터를 볼 수 있고, 엑셀에 다운로드할 수 있다. API 도 무료로 Python 으로 사용할 수 있다.
가장 중요 ★★★	**CME Count Down to FOMC** (https://www.cmegroup.com/markets/interest-rates/cme-fedwatch-tool.html?redirect=/trading/interest-rates/countdown-to-fomc.html)	정	채권 선물 시세에 반영시키는 FOMC의 금리 인상, 금리 인하 예상을 매우 알기 쉽게 정리해 준다. 주 1회는 반드시 체크한다.
가장 중요 ★★★	**Heat Map** (https://finviz.com/map.ashx?t=sec&st=ytd)	정	어느 섹터가 어느 기간에 오를지 시각적으로 확인할 수 있으므로 시세의 사이클을 파악하기 쉽다. 또 어떤 주식이 각 섹터에 들어가는지 보기 쉬우므로 투자처의 아이디어 찾기에도 이용할 수 있다.

중요도	사이트	유형	코멘트
중요 ★★☆	**MarketSmith** (https://marketsmith.investors. com/ mstool)	T 금	내가 주로 사용하는 차트 서비스. 고액.
중요 ★★☆	**Yahoo! Finance** (https://finance.yahoo. com/)	정 T	장기 차트를 보고 싶을 때 사용한다. 데이터를 Excel에 옮길 때 편리하다. WatchList는 스마트폰에서 편리하다.
중요 ★★☆	**Investing.com** (https://www.investing. com/)	정 T	내가 포트폴리오 트랙킹에 사용하는 사이트.
중요 ★★☆	**Seeking Alpha** (https://seekingalpha. com/)	정 금	애널리스트들의 기본적 분석을 읽을 수 있다. 어째서 이 주식이 오늘 내려갔는가? 그럴 때 납득하는 분석을 읽을 수 있다. 하지만 과금(내 링크를 사용하면 20% 할인!)하지 않으면 읽을 수 없다.
중요 ★★☆	**Wall Street Journal** (https://www.wsj.com/)	N 금	매일 아침 헤드라인 뉴스를 체크.
중요 ★★☆	**Barrons** (https://www.barrons. com/)	N 금	주말이나 시간이 있을 때 흥미로운 기사를 찾아서 읽는다.
중요 ★★☆	**Bloomberg.com** (https://www.bloomberg. com/)	N 금	개별 주식이나 시장의 최신 뉴스를 찾는 데에 편리하다.
중요 ★★☆	**CNN Fear and Greed Index** (https://www.cnn.com/ markets/fear-and-greed)	정	시세가 지금 탐욕인지 공포에 떨고 있는지 1부터 100까지 숫자로 나타낸다. 과거의 데이터도 볼 수 있다. 25 이하로 사서 75 이상으로 팔면 상당한 확률로 수익이 난다.
중요 ★★☆	**Life is Beautiful 나카지마 사토시의 메일 매거진** (https://www.mag2.com/ m/0001323030?reg=mag2top)	M 금	일본이 자랑하는 소프트웨어 엔지니어, Windows95의 아버지라고 불리는 나카지마 사토시의 주간 메일 매거진. 정보 감도가 매우 높고, 대중이 알아차리기 6개월부터 트렌드를 알려준다. 비정기적으로 대담을 하고 있으니 과거 회차는 유튜브로!
중요 ★★☆	**Odd Lots** (https://podcasts.apple. com/us/podcast/odd-lots/ id1056200096)	P	매회 흥미로운 게스트를 불러 시기에 맞는 화제를 깊이 탐구한다. 유명한 것은 SBF가 DEFI의 전략을 말한 회차
중요 ★★☆	**GDP Now** (https://www.atlantafed.org/ cqer/research/gdpnow)	정 G	애틀란타 FED가 과거의 GDP 데이터를 토대로 만든 GDP 예상 모델로 인풋되는 경제 데이터가 발표될 때마다 예상 수치가 갱신된다.

P = 팟캐스트   정 = 정보 사이트   G = 정부   T = 툴 사이트   N = 뉴스 사이트   금 = 과금 사이트

중요도	사이트	유형	코멘트
중요 ★★★	**US Bureau of Labor Statistics** (https://www.bls.gov/)	정 G	월 1 로 나오는 고용 통계 데이터를 내는 정부 기관 .
중요 ★★★	**Sticky CPI** (https://www.atlantafed.org/ research/inflationproject/ stickyprice)	정 G	CPI나 PCE에는 없는 데이터의 관점으로 인플레이션율을 분석하기 때문에 인플레이션율 예상에 도움이 된다.
중요 ★★☆	**Inflation Now Cast** (https://www.clevelandfed.org/ indicators-and-data/inflation-nowcasting)	정 G	여러 가지 데이터를 이용해 CPI와 PCE의 수치를 예상해 준다. 매일 업데이트된다.
편리 ★☆☆	**Masters In Buisness** (https://podcasts.apple.com/ us/podcast/masters-in-business/ id730188152)	P	비즈니스, 주로 금융 기관의 유명한 사람을 인터뷰. 매회 재밌다.
편리 ★☆☆	**Trading View** (https://www.tradingview.com/)	T	많은 투자자가 이용하는 차트 서비스. 기술적 분석이 충실하다.
편리 ★☆☆	**Coin Market Cap** (https://coinmarketcap. com/)	정	암호자산의 가격과 차트를 보기 위해 사용.
편리 ★☆☆	**Historical Yield Curve** (https://www.longtermtrends. net/us-treasury-yield-curve/)	정	기간에 따른 금리의 차이(수익률 곡선) 추이를 꽤 오랜 기간으로 볼 수 있다.
편리 ★☆☆	**US Energy Information Administration** (https://www.eia.gov/ petroleum/gasdiesel/)	정 G	가솔린의 가격을 확인할 수 있다. 인플레이션이 높을 때 주목받는다.
편리 ★☆☆	**Current Market Valuation** (https://www. currentmarketvaluation.com/)	정	몇 종류의 모델을 이용해 지금 시세가 저렴한지 비싼지 가르쳐 준다. 과거부터의 추이도 볼 수 있다.
편리 ★☆☆	**Realtor.com Housing Data** (https://www.realtor.com/ research/topics/housing-supply/)	정	주택의 가격 트렌드를 볼 수 있다. 인플레이션이 높을 때 주목받는다.
편리 ★☆☆	**Tech Crunch** (https://techcrunch.com/)	정	테크놀로지 관련 뉴스 사이트.

P = 팟캐스트　정 = 정보 사이트　G = 정부　T = 툴 사이트　N = 뉴스 사이트　곰 = 과금 사이트　M = 메일 매거진

손해 보지 않는 미국 주식 투자법

헤지펀드가 이기는 방식으로 자산을 늘린다!

1판 1쇄 발행 2025년 1월 7일

지은이 마리-상
옮긴이 정지영
발행인 최봉규

발행처 지상사(청홍)
등록번호 제2017-000075호
등록일자 2002. 8. 23.
주소 서울특별시 용산구 효창원로64길 6 일진빌딩 2층
우편번호 04317
전화번호 02)3453-6111, 팩시밀리 02)3452-1440
홈페이지 www.jisangsa.com
이메일 c0583@naver.com

한국어판 출판권 ⓒ 지상사(청홍), 2025
ISBN 978-89-6502-337-1   03320